Говорим по-китайски каждый день

(базовый курс)

天天汉语 初级

总顾问：刘明贵
Главный советник: Лю Мингуй

总策划：赵金钟
Главный проектировщик: Чжао Цзиньчжун

主　编：张鲁昌
Главный редактор: Чжан Лучан

副主编：周依依
Заместитель редактора: Чжоу Ии

俄语翻译：王梓　曹广金　张安琪
Переводчики: Ван Цзы　Цао Гуанцзинь　Чжан Аньци

俄语注释

北京大学出版社

PEKING UNIVERSITY PRESS

图书在版编目 (CIP) 数据

天天汉语. 初级：俄语注释 / 张鲁昌主编. —北京：北京大学出版社，2019.10
ISBN 978-7-301-30600-0

Ⅰ.①天…　Ⅱ.①张…　Ⅲ.①汉语 – 对外汉语教学 – 教材　Ⅳ.①H195.4

中国版本图书馆 CIP 数据核字 (2019) 第 148113 号

书　　名	天天汉语（初级）（俄语注释） TIANTIAN HANYU（CHUJI）（EYU ZHUSHI）
著作责任者	张鲁昌　主编
责任编辑	邓晓霞　唐娟华
标准书号	ISBN 978-7-301-30600-0
出版发行	北京大学出版社
地　　址	北京市海淀区成府路 205 号　100871
网　　址	http://www.pup.cn　新浪微博：@北京大学出版社
电子信箱	zpup@pup.cn
电　　话	邮购部 010-62752015　发行部 010-62750672　编辑部 010-62767349
印刷者	天津中印联印务有限公司
经销者	新华书店
	787 毫米 × 1092 毫米　16 开本　18.75 印张　480 千字 2019 年 10 月第 1 版　2019 年 10 月第 1 次印刷
定　　价	78.00 元

未经许可，不得以任何方式复制或抄袭本书之部分或全部内容。
版权所有，侵权必究
举报电话：010-62752024　电子信箱：fd@pup.pku.edu.cn
图书如有印装质量问题，请与出版部联系，电话：010-62756370

前 言

本教材是为俄语地区汉语零起点学习者编写的初级教材。

本教材采用"以任务为纲,以情景交际为引领,拼音为工具,汉字'多认少写,认写分流,逐渐达到认写合流'"的模式,汲取各种教学法流派的长处——既重视学习语言的交际功能,又要牢固地掌握语言结构;既要让学习者通过大量操练掌握四种基本技能,又要让学习者懂得必要的语法规则。

本教材特别注意体现由简单到复杂、由易到难、循序渐进、不断重现的原则。教材还注重帮助学习者了解中国的文化和社会,从而更好地运用汉语进行交际。

在课文的编写上,注意借鉴交际法的研究成果,注重功能和话题,让学习者有话可说,能深入交流和扩展;在课堂操练上,注意借鉴任务型教学的研究成果,让学生带着真实的任务去训练,在练中学,在用中学,在体验中学。

本教材的前置部分是语音课,可根据学生的实际情况选讲。

本教材体例上主要由对话、句子(句型)、汉字、短文、生词表、注释、练习等部分组成。每课约需6课时。

对话部分以话题展开,训练学生在具体情景中进行汉语交际的能力。

句子(句型)部分主要训练常用语句以及本课的语法项目。

汉字部分从简单汉字开始,训练学生的汉字认读及书写能力。

短文部分主要训练学生的连句成篇能力,逐步培养学生的汉语写作能力。

生词表列出本课生词,标注词性,并配有俄文翻译。

注释部分主要解释本课的语法项目。

练习部分主要训练本课所学知识及语言表达能力。练习的最后配有小游戏，让学生在游戏中学得知识，培养能力。

本教材由岭南师范学院刘明贵校长任总顾问，岭南师范学院文学与传媒学院赵金钟院长总策划，周依依老师编写1～6课、13～18课，张鲁昌老师编写7～12课、19～24课并统稿，曹广金老师负责1～12课俄文翻译，白俄罗斯国立体育大学孔子课堂汉语教师张安琪担任13～24课俄文翻译工作，最后由北京大学外国语学院俄罗斯语言文学系的王梓博士负责统筹修改全书的俄文翻译工作。。

特别感谢北京大学出版社编辑老师们在编辑、审稿工作中所付出的艰辛而细致的劳动。

教材中疏漏之处在所难免，恳请使用本教材的师生批评指正。

编　者

Предисловие

Данное пособие – учебник начального уровня, предназначенный для изучения китайского языка с нуля носителями русского языка.

Для данного учебника задания являются основой, общение в различных обстоятельствах является главным направлением, пиньинь является основным инструментом. Модель изучения иероглифов заключается в постепенном слиянии концепций «знать много – писать мало» и «знать и писать». Данное пособие сочетает в себе положительные стороны различных методик обучения: он придает большое значение не только развитию коммуникативных функций, но и овладению языковой структурой; учебник поможет учащимся освоить четыре основных языковых навыка путем выполнения различных заданий, а также поможет понять необходимые грамматические правила и принципы построения предложений.

Данный учебник делает упор на переходе от простого к составному, от лёгкого к сложному, особое внимание уделяется планомерному изучению языка и постоянному повторению.

Кроме того, пособие поможет обучающимся понять культуру и общество Китая, что значительно облегчит общение на китайском языке.

При составлении учебника большое внимание уделялось результатам исследования коммуникативного метода, в изучении делается упор на мастерстве поддержания темы разговора для того, чтобы обучающиеся смогли углубиться и расширить рамки коммуникации. При разработке аудиторных упражнений был перенят опыт исследований мини-проектного обучения, чтобы обучающиеся делали выполняли упражнения, связанные с реальными задачами. Это позволит ученикам учиться во процессе практики, использования и получения опыта.

Первая часть данного учебника – курс фонетики, содержание которого может преподаваться избирательно в зависимости от уровня обучающихся.

Уроки в данном пособии разбиты на следующие части: диалоги, предложения, иероглифы, тексты, таблицы с новыми словами, комментарии и упражнения. Для прохождения каждого урока требуется 6 учебных часов.

Часть «Диалоги» посвящена развитию тем для разговора, она тренирует способность учеников к коммуникации на китайском языке в конкретных ситуациях.

Часть «Предложения» посвящена изучению часто используемых фраз и слов, а также грамматике текущего урока.

Часть «Иероглифы» посвящена изучению иероглифов, начиная с самых простых. Также, данная часть тренирует способность учеников к запоминанию и написанию.

Часть «Текст» посвящена тренировке написания сложных предложений и целостных текстов, что постепенно повышает письменные навыки китайского языка у учащихся.

В «Таблицах с новыми словами» представлены новые слова урока вместе с переводом на русский язык и примечанием к части речи.

В «Комментариях» представлено подробное объяснение грамматики изучаемого урока.

Часть «Упражнения» посвящена проверке знаний и речевых навыков, полученных из изучаемого урока. В конце данной части также представлены игры, которые позволят ученикам закрепить полученные знания.

Главный консультант при составлении данного учебника – директор Лю Мингуй, главный составитель – директор Чжао Цзиньчжун. Преподаватель Чжоу И-и составил уроки 1—6, 13—18, преподаватель Чжан Лучан составил уроки 7—12, 19—24. Перевод данного учебника на русский подготовил Цао Гуанцзинь и Чжан Аньчи из БГУФК. Русский перевод отредактировал Ван Цзы из Пекинского университета.

В данном учебнике возможны пропуски и опечатки, настоятельно просим использующих данный учебник указывать на ошибки.

Редактор

目 录

语音课		1
第 1 课	你好	10
第 2 课	你叫什么名字	18
第 3 课	你是哪国人	27
第 4 课	你家有几口人	38
第 5 课	今天几号	50
第 6 课	几点上课	61
复习题一		70
第 7 课	你住在哪儿	75
第 8 课	银行在哪儿	82
第 9 课	这是你的书吗	89
第 10 课	你喜欢吃什么	97
第 11 课	那件衣服多少钱	104
第 12 课	祝你春节快乐	112
复习题二		121
第 13 课	你喜欢什么颜色	127
第 14 课	她长什么样子	137
第 15 课	今天天气怎么样	148
第 16 课	你哪儿不舒服	157
第 17 课	我对中国书法非常感兴趣	167
第 18 课	暑假你有什么打算	176
复习题三		187

第19课	你喜欢养什么宠物	194
第20课	我们去中餐馆儿吃饭好吗	202
第21课	请你帮我们照张相好吗	210
第22课	对不起,我来晚了	219
第23课	你的汉语进步真大	228
第24课	祝你们一路平安	237
复习题四		246

生词总表	252

附录一:汉字笔画名称表	278
附录二:汉字偏旁名称表	279

Оглавление

Урок фонетики 1

Урок 1 Здравствуйте 10

Урок 2 Как тебя зовут 18

Урок 3 Ты из какой страны 27

Урок 4 Сколько человек в твоей семье 38

Урок 5 Какое сегодня число 50

Урок 6 Когда начинается урок 61

Задания для повторения (1) 70

Урок 7 Где ты живешь 75

Урок 8 Где находится банк 82

Урок 9 Это твоя книга? 89

Урок 10 Что ты любишь есть 97

Урок 11 Сколько стоит эта одежда 104

Урок 12 С праздником Весны 112

Задания для повторения (2) 121

Урок 13 Какой цвет тебе нравится 127

Урок 14 Как она выглядит 137

Урок 15 Какая сегодня погода 148

Урок 16 На что вы жалуетесь 157

Урок 17 Я очень интересуюсь китайской каллиграфией ... 167

Урок 18 У тебя какой план на летние каникулы 176

Задания для повторения (3) 187

Урок 19	Какие домашние питомцы тебе нравятся	194
Урок 20	Пойдем пообедать в китайский ресторан, хорошо	202
Урок 21	Вы не можете нас сфотографировать	210
Урок 22	Извините, я опоздал	219
Урок 23	Твой китайский язык значительно улучшился	228
Урок 24	Желаю вам счастливого пути	237
Задания для повторения (4)		246

Сводный словарь — 252

Приложение 1: Таблица черт китайских иероглифов — 278
Приложение 2: Таблица графем китайских иероглифов — 279

缩略语表
Список сокращений

代词	pron.	мест.
名词	n.	сущ.
动词	v.	гл(аг).
形容词	adj.	прил.
副词	adv.	нареч.
介词	prep.	пред.
连词	conj.	союз.
量词	mw.	счет.
数词	num.	числ(ит).
数量词	q.	счетное слово и числительное
叹词	intj.	межд(ом).
语气词	partical.	част.
助词	aux.	служ.

Yǔyīnkè
语音课
Урок фонетики

汉语拼音：汉语拼音主要用于汉语普通话读音的标注，是一种辅助汉字读音的工具。汉语一个音节的拼音一般由三个部分组成，即：声母、韵母和声调。

Пиньинь — это система фонетической транскрипции для литературного китайского языка (путунхуа), помогающая носителям во чтении китайского иероглифов. Слог китайского языка обычно состоит из трех частей: инициаль, финаль и тон.

语音结构 Фонетическая структура

声调 ТОНЫ	
声母 инициаль	韵母 финаль

一、声母 Инициаль

b	p	m	f
d	t	n	l
g	k	h	
j	q	x	
zh	ch	sh	r
z	c	s	

活动： 听一听，选出你听到的声母

Практика: послушайте и выберите инициали, которые вы услышите

| b | p | d | t | g | k | j | p | l | n | z | j | c | q | s | x |

二、韵母　Финали

1. 6个基本韵母　Шесть основых финалей

a　　　o　　　e
i　　　u　　　ü

2. 韵母表　Таблица финалей

	i	u	ü
a	ia	ua	
o		uo	
e	ie		üe
ai		uai	
ei		uei	
ao	iao		
ou	iou		
an	ian	uan	üan
en	in	uen	ün
ang	iang	uang	
eng	ing	ueng	
ong	iong		

活动： 全班同学一起制作韵母卡片，交给老师。老师将卡片打乱顺序后，让同学任意抽取一张，然后念出卡片上的韵母。

Ученики говотят карточки, на которых написаны финали и дадут их учителю. Потом учитель нарушает порядок карточек, каждый ученик берет одну из них и читает финаль на карточке.

三、声调 Тоны

1. 第一声　dì-yī shēng　　Первый тон　　　　—
   第二声　dì-èr shēng　　Второй тон　　　　／
   第三声　dì-sān shēng　　Третий тон　　　　∨
   第四声　dì-sì shēng　　Четвертый тон　　　＼

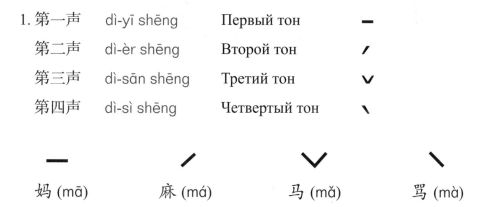

读一读 Прочитайте

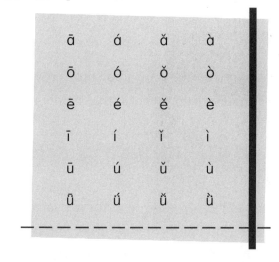

2. 轻声　Нейтральный тон

普通话里有一些音节读得又轻又短，叫作轻声，书写时轻声不标调号。

В современном китайском языке существуют безударные слоги, которые произносятся одним и тем же тоном, называющимся нейтральным (или легким) тоном (qingsheng). В фонетической транскрипции нейтральный тон не обозначается никаким знаком.

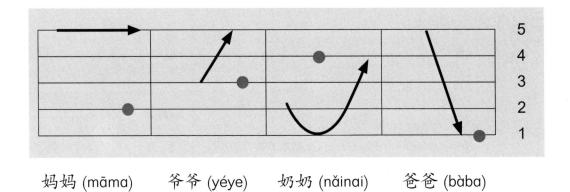

妈妈 (māma)　　爷爷 (yéye)　　奶奶 (nǎinai)　　爸爸 (bàba)

四、变调　Изменение тонов

1. 三声变调　Изменение третьего тона

（1）两个第三声音节连在一起时，前一个音节变为第二声（调号仍用"ˇ"）。

Если два слога, каждый из которых отдельно произносится третьим тоном, следует друг за другом, то тон начального слога изменяется на второй тон (обозначается знаком «ˇ»).

（2）第三声音节在第一、二、四声和大部分轻声音节前边时，要变成"半三声"。"半三声"就是只读原来第三声的前一半降调。

Третий тон имеет свою неполную форму перед слогом первого, второго или четвертого тона, а также перед большинством безударных слогов. Слог неполного третьего тона сохраняет лишь свою нисходящую часть и утрачивает восходящую.

ˇ + ˇ → ／ + ˇ			nǐ hǎo	你好　здраствуйте
ˇ + { ー ／ ＼ ． } → ˇ + { ー ／ ＼ ． }			lǎoshī	老师　учитель
			hěn nán	很难　очень трудно
			hěn dà	很大　очень большой
			wǒmen	我们　мы

2. "一"的变调　Изменение тона числительного «一»

"一"在第四声音节前或由第四声变来的轻声音节前读第二声"yí"。在第一、二、三声音节前读第四声"yì"。

Числительное «一» произносится вторым тоном «yí» перед слогом четвертого тона или нейтрального тона, этимологически восходящего к четвертому. Перед слогом первого, второго или третьего тона оно произносится четвертым тоном «yì».

yídìng 一定	обязательно
yì tiān 一天	один день
yì nián 一年	один год
yìqǐ 一起	вместе

3. "不"的变调　Изменение тона отрицания «不»

"不"在第四声音节前或由第四声变来的轻声音节前读第二声"bú"。在第一、二、三声音节前仍读第四声"bù"。

bù gāo 不高	невысокий
bù máng 不忙	не спеши
bù hǎo 不好	нехорошо, плохо
bú kèqi 不客气	не за что

Отрицания «不» произносится вторым тоном «bú» перед слогом четвертого тона или нейтрального тона, этимологически восходящего к четвертому. Перед слогом первого, второго или третьего тона оно сохраняет свою основной четвертый тон «bù».

五、儿化韵　Эризация финалей

er 常常跟其他韵母结合在一起，使该韵母成为儿化韵母。儿化韵母的写法是在原韵母之后加 -r。

«er» часто прибавляется к финалям и делает эти финали эризованными. В фонетической транскрипции такие финали обозначаются прибавлением буквы «-r» к концу финалей.

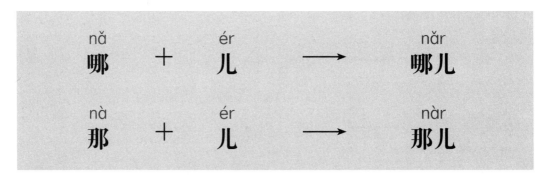

六、拼写规则　Правила транскрипции

1. i、u、ü 自成音节　«i, u, ü», образующие слог

韵母"i、u、ü"自成音节时，前边分别加"y"或"w"，"ü"上两点要省略。

При отсутствии инициалей в слоге финали «i», «u» или «ü», образующие слог, записываются буквосочетаниями «yi» «wu» и «yu» соотвественно (обратите внимание на «ü»: в самостоятельных слогах точки у буквы «ü» не пишутся).

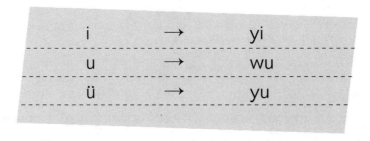

2. 以"i"开头的韵母　Сложные финали, начинающиеся на «i»

以"i"开头的韵母，前面没有声母时，必须把"i"改写为"y"或前加"y"。

В слогах со сложными финалями, начинающимися на «i» (т. е. при отсутствии инициалей), финаль «i» записывается буквой «y».

ia	→ ya	ie	→ ye
iao	→ yao	iou	→ you
ian	→ yan	iang	→ yang
iong	→ yong		
in	→ yin	ing	→ ying

3. 以 u 开头的韵母　Сложные финали, начинающиеся на «u»

以"u"开头的韵母，前面没有声母时，必须把"u"改写为"w"。

В слогах со сложными финалями, начинающимися на «u» (т. е. при отсутствии инициалей), финаль «u» записывается буквой «w».

ua	→ wa	uo	→ wo
uai	→ wai	uei	→ wei
uan	→ wan	uen	→ wen
uang	→ wang		

4. 以 ü 开头的韵母　Сложные финали, начинающиеся на «ü»

以"ü"开头的韵母，前头应加上 y，并去掉 ü 上的两点，要写成"yu"。

В слогах со сложными финалями, начинающимися на «ü» (т. е. при отсутствии инициалей), финаль «ü» записывается буквосочетанием «yu».

üe	→ yue	üan	→ yuan
ün	→ yun		

5. ü 在 j、q、x 后面写成 u　«ü» в сочетании с «j» «q» «x»

"j、q、x"与"ü"及以"ü"开头的韵母相拼时，"ü"上的两点省略。

Когда инициали «j» «q» или «x» сочетаются с финалью «ü» или финалями, начинающимися на «ü», точки у буквы «ü» не пишутся.

$$\left.\begin{array}{c} j \\ q \\ x \end{array}\right\} + ü \longrightarrow \left.\begin{array}{c} ju \\ qu \\ xu \end{array}\right\} \quad \begin{array}{l} júzi \\ gēqǔ \\ xūyào \end{array}$$

6. iou、uei、uen 的拼写规则 «iou» «uei» «uen»

"iou、uei、uen"跟声母相拼时，中间的元音省略，写成"iu、ui、un"。调号标在后一元音上。

В слогах с инициалями сложные финали «iou» «uei» «uen» записываются «iu» «ui» «un» соответственно. Знак тона ставится над последним гласным.

| l — iòu → liù | sh — uéi → shuí | c — uēn → cūn |
| x — iōu → xiū | g — uèi → guì | t — uēn → tūn |

7. 隔音符号（'） Слогоразделительный знак (')

"a、o、e"开头的音节连接在其他音节后面时，为了使音节界限清楚，不致混淆，要用隔音符号"'"隔开。

Слогоразделительный знак « ' » ставится между слогом, начинающимся на «a» «o» «e», и предыдущим ему слогом.

| jī'è | jiè |
| pí'ǎo | piāo |

8. 字母的大写 Прописные буквы

句子中拼音字母的大写：

（1）国名、地名、姓名、书报名称等专有名词开头的第一个字母大写；

（2）文章每一段、每一句开头的第一个字母，诗歌每一行开头的第一个字母，都要大写；

普通话声韵配合总表
Таблица китайских фонетических слогов (путунхуа)

声母组	声母	-i	a	o	e	ai	ei	ao	ou	an	en	er	ang	eng	ong	i	ia	ie	iao	iou	ian	in	iang	ing	iong	u	ua	uo	uai	uei	uan	uen	uang	ueng	ü	üe	üan	ün
双唇音	b		bā 巴	bō 拨		bǎi 百	bēi 杯	bāo 包		bān 班	bēn 奔		bāng 帮	bēng 崩		bǐ 比		biē 憋	biāo 标		biān 边	bīn 宾		bīng 兵		bǔ 补												
双唇音	p		pā 趴	pō 坡		pāi 拍	pēi 胚	pāo 抛	pōu 剖	pàn 判	pēn 喷		pàng 胖	pěng 捧		pī 批		piē 瞥	piāo 飘		piàn 片	pīn 拼		píng 平		pǔ 朴												
双唇音	m		mā 妈	mō 摸	me 么	mǎi 买	měi 美	māo 猫	mǒu 某	mán 蛮	mèn 闷		máng 忙	mèng 梦		mí 迷		miè 灭	miáo 苗	miù 谬	miàn 面	mín 民		míng 名		mǔ 母												
唇齿音	f		fā 发	fó 佛			fēi 飞		fǒu 否	fān 帆	fēn 分		fāng 方	fēng 风												fū 夫												
舌尖中音	d		dā 搭		dé 德	dāi 呆	děi 得	dāo 刀	dōu 兜	dān 丹	dèn 扽		dāng 当	dēng 灯	dōng 东	dì 地		diē 跌	diāo 碉	diū 丢	diǎn 点			dǐng 顶		dú 读		duō 多		duī 堆	duān 端	dūn 敦						
舌尖中音	t		tā 他		tè 特	tái 台	tēi 忒	tāo 掏	tōu 偷	tān 滩			tāng 汤	téng 疼	tōng 通	tī 踢		tiē 贴	tiāo 挑		tiān 天			tīng 听		tū 突		tuō 托		tuī 推	tuān 湍	tūn 吞						
舌尖中音	n		ná 拿		nè 讷	nǎi 乃	něi 馁	náo 挠	nòu 耨	nán 男	nèn 嫩		náng 囊	néng 能	nóng 农	nǐ 你		niē 捏	niǎo 鸟	niú 牛	niàn 念	nín 您	niáng 娘	níng 宁		nǔ 努		nuò 诺			nuǎn 暖				nǚ 女	nüè 虐		
舌尖中音	l		lā 拉		lè 乐	lái 来	lèi 类	lǎo 老	lóu 楼	lán 兰			láng 郎	léng 棱	lóng 龙	lì 力	liǎ 俩	liè 列	liáo 疗	liú 流	liàn 练	lín 林	liáng 良	líng 灵		lù 路		luò 落			luán 峦	lún 轮			lǚ 旅	lüè 略		
舌根音	g		gā 尴		gé 格	gāi 该	gěi 给	gāo 高	gōu 勾	gān 甘	gēn 根		gāng 刚	gēng 耕	gōng 工											gū 姑	guā 刮	guǒ 果	guài 怪	guī 归	guān 关	gǔn 滚	guāng 光					
舌根音	k		kǎ 卡		ké 壳	kāi 开	kēi 剋	kǎo 考	kòu 扣	kān 刊	kěn 肯		kāng 康	kēng 坑	kōng 空											kū 枯	kuā 夸	kuò 阔	kuài 快	kuī 亏	kuān 宽	kūn 昆	kuāng 匡					
舌根音	h		hā 哈		hé 和	hài 害	hēi 黑	hǎo 好	hòu 候	hān 酣	hén 痕		háng 行	héng 横	hóng 红											hū 呼	huā 花	huǒ 火	huài 坏	huī 挥	huān 欢	hūn 昏	huāng 荒					
舌面音	j															jī 机	jiā 家	jiē 接	jiāo 交	jiù 旧	jiàn 见	jīn 今	jiāng 将	jīng 惊	jiǒng 窘										jū 居	jué 决	juān 捐	jūn 军
舌面音	q															qī 七	qiā 恰	qiě 且	qiāo 敲	qiū 秋	qiàn 欠	qīn 亲	qiáng 强	qīng 青	qióng 穷										qǔ 取	quē 缺	quān 圈	qún 群
舌面音	x															xī 西	xià 下	xiě 写	xiǎo 小	xiū 修	xiān 先	xīn 新	xiáng 祥	xīng 星	xióng 雄										xǔ 许	xuē 削	xuān 宣	xūn 熏
舌尖后音	zh	zhī 之	zhā 扎		zhé 折	zhāi 摘	zhèi 这	zhāo 招	zhōu 周	zhān 粘	zhēn 真		zhāng 张	zhèng 正	zhōng 中											zhǔ 主	zhuā 抓	zhuō 捉	zhuāi 拽	zhuī 追	zhuān 专	zhǔn 谆	zhuāng 装					
舌尖后音	ch	chī 吃	chà 诧		chè 彻	chāi 拆		chāo 抄	chōu 抽	chǎn 产	chèn 衬		chāng 昌	chéng 成	chōng 冲											chū 出	chuā 欻	chuō 戳	chuāi 踹	chuī 吹	chuān 穿	chūn 春	chuāng 窗					
舌尖后音	sh	shī 诗	shā 沙		shè 社	shāi 筛	shéi 谁	shāo 捎	shōu 收	shān 山	shēn 身		shāng 商	shēng 声												shū 书	shuā 刷	shuō 说	shuài 率	shuǐ 水	shuān 栓	shùn 顺	shuāng 双					
舌尖后音	r	rì 日			rè 热			ráo 饶	ròu 肉	rán 然	rén 人		ràng 让	rēng 扔	róng 容											rú 如		ruò 若		ruì 瑞	ruǎn 软	rùn 润						
舌尖前音	z	zì 字	zá 杂		zé 则	zāi 灾	zéi 贼	zǎo 早	zǒu 走	zán 咱	zěn 怎		zāng 脏	zēng 增	zōng 综											zǔ 组		zuò 做		zuǐ 嘴	zuān 钻	zūn 尊						
舌尖前音	c	cì 次	cā 擦		cè 册	cāi 猜		cāo 操		cán 残	cén 岑		cāng 仓	céng 层	cōng 匆											cū 粗		cuò 错		cuī 催	cuàn 窜	cūn 村						
舌尖前音	s	sī 丝	sǎ 洒		sè 涩	sāi 塞		sǎo 扫	sōu 搜	sān 三	sēn 森		sāng 桑	sēng 僧	sōng 松											sū 苏		suō 梭		suī 虽	suān 酸	sūn 孙						
○ 零声母			ā 啊	ó 哦	è 饿	āi 哀	ēi 欸	āo 凹	ōu 欧	ān 安	ēn 恩	ér 儿	áng 昂	ēng 鞥		yī 衣	yā 呀	yē 椰	yāo 腰	yōu 优	yān 烟	yīn 因	yāng 央	yīng 应	yōng 拥	wū 屋	wā 挖	wǒ 我	wāi 歪	wēi 微	wān 弯	wēn 温	wāng 汪	wēng 翁	yū 迂	yuē 约	yuǎn 远	yūn 晕

（3）标题、商标和商店等处的招牌可全部大写，也可省略声调。

Правила написания прописных букв в предложениях:

(1) Пишутся с прописной буквой индивидуальные названия, например: названия стран, топонимы, имена, отечества, фамилии, названия книг или газет и т. д.

(2) Пишутся с прописной буквой первый слог абзаца, предложения и строки.

(3) Все буквы в заглавиях, торговых марках и названиях магазинов записываются прописными буквами, и знаки тона не пишутся.

| Zhāng Huá | Nín guìxìng? | HANYU |

七、数字的读音　Цифры

	1	2	3	4	5	6	7	8	9	10
汉字	一	二	三	四	五	六	七	八	九	十
读音	yī/yāo	èr	sān	sì	wǔ	liù	qī	bā	jiǔ	shí
	один	два	три	четыре	пять	шесть	семь	восемь	девять	десять

Nǐ hǎo
你 好
Здравствуйте

一 对话 Duìhuà Диалоги

（一）

Dīng Yùlán: Nígǔlā, nǐ hǎo!
丁玉兰：尼古拉，你好！

Nígǔlā: Dīng Yùlán, nǐ hǎo!
尼古拉：丁玉兰，你好！

Dīng Yùlán: Nǐ hǎo ma?
丁玉兰：你好吗？

Nígǔlā: Wǒ hěn hǎo. Nǐ hǎo ma?
尼古拉：我很好。你好吗？

Dīng Yùlán: Wǒ yě hěn hǎo.
丁玉兰：我也很好。

（二）

Wáng lǎoshī: Shàng kè!
王老师：上 课！

Xuésheng: Lǎoshī hǎo!
学生：老师 好！

第 1 课 你好
Урок 1 Здравствуйте

Wáng lǎoshī:	Tóngxuémen hǎo!
王老师：	同学们 好！

Wáng lǎoshī:	Xià kè!
王老师：	下课！
Xuésheng:	Lǎoshī zàijiàn!
学生：	老师 再见！
Wáng lǎoshī:	Tóngxuémen zàijiàn!
王老师：	同学们 再见！

二 句子 Jùzi Речевые образцы

1. Nǐ hǎo!
   你好！

2. Nǐ hǎo ma?
   你好吗？

3. Wǒ hěn hǎo.
   我很好。

4. Zàijiàn!
   再见！

三 汉字 Hànzì Китайские иероглифы

1.	一	yī	один
2.	二	èr	два
3.	三	sān	три
4.	四	sì	четыре

5.	五	wǔ	пять
6.	六	liù	шесть
7.	七	qī	семь
8.	八	bā	восемь
9.	九	jiǔ	девять
10.	十	shí	десять
11.	大	dà	большой, крупный, огромный
12.	小	xiǎo	маленький, малый
13.	人	rén	человек
14.	口	kǒu	рот
15.	手	shǒu	рука
16.	上	shàng	верхний, наверху
17.	下	xià	низкий, нижний
18.	白	bái	белый
19.	日	rì	день, солнце
20.	工	gōng	работа, труд

四 生词表 Shēngcíbiǎo Новые слова

1.	你	nǐ	*pron.*	ты
2.	好	hǎo	*adj.*	хорошо

第 1 课 你好
Урок 1 Здравствуйте

3. 吗	ma	*aux.*	*конечная частица вопросительных предложений или в риторическом вопросе*
4. 很	hěn	*adv.*	очень, весьма, вполне
5. 也	yě	*adv.*	тоже, также
6. 上课	shàng kè		ходить на занятия, заниматься в группе
7. 老师	lǎoshī	*n.*	учитель, преподаватель
8. 同学	tóngxué	*n.*	одноклассник, ученик, студент
9. 下课	xià kè		конец урока
10. 再见	zàijiàn	*v.*	до свидания

专有名词 Zhuānyǒu míngcí Имена собственные

| 1. 丁玉兰 | Dīng Yùlán | Дин Юйлань |
| 2. 尼古拉 | Nígǔlā | Николай |

五 注释 Zhùshì Комментарии

1. 问候语：汉语里常用的一种问候语是"你好"，对方回答也是"你好"。还可以根据时间采用不同的问候语，如："早上好""上午好""下午好""晚上好"等。

Приветствие: «你好» «Здравствуй(те)» – широкоупотребляемое, универсальное приветствие в китайском языке. Ответ на него является точно таким же «你好». В зависимости от времени разговора можно употреблять и другие приветствия, например: «早上好» «Доброе утро», «上午好» «Доброе

13

утро», «下午好» «Добрый день», «晚上好» «Добрый вечер» и т. д.

"你好吗"也是常用问候语，回答一般是"我很好"等套语，一般用于已经相识的人之间。

«你好吗» (Как дела)—широкоупотребляемое приветствие. Ответ на него является, например, выражением «我很好» «Хорошо» (существуют и другие варианты ответа). «你好吗» обычно адресуется знакомому человеку.

2. 汉字：汉字是汉语的书写符号系统。汉字笔画书写的一般顺序为：先上后下，先左后右（上下左右）。

Китайские иероглифы: китайские иероглифы—система записи для китайского языка. Последовательность написания черт китайских иероглифов: сверху вниз, слева направо, с большого до маленького, с длиного до короткого.

六 练习 Liànxí Упражнения

1. 正确拼读下列音节 Прочитайте следующие слоги

bā	pā	bái	pái	měihǎo
八	啪	白	排	美好
hěn lèi	wǔdǎo	tóufa	nàme	gēge
很累	舞蹈	头发	那么	哥哥

2. 写出听到的音节 Послушайте и напишите слоги

___ ___ ___ ___ ___

___ ___ ___ ___ ___

第 1 课　**你好**
Урок 1　Здравствуйте

3. 按笔顺书写下列汉字　Напишите следующие китайские иероглифы по правильной последовательности написания

| 口 | | | | | | | | | | | | | | |

| 手 | | | | | | | | | | | | | | |

| 上 | | | | | | | | | | | | | | |

| 下 | | | | | | | | | | | | | | |

| 白 | | | | | | | | | | | | | | |

| 日 | | | | | | | | | | | | | | |

| 工 | | | | | | | | | | | | | | |

4. 完成对话 Дополните диалог

A：你好！

B：_____

A：你好吗？

B：_____

A：再见！

B：_____

5. 小游戏：写拼音比赛　Учебная игра: «Напиши пиньинь»

学生分为两组，每组依次派出一人在黑板上听写拼音。如果声、韵、调三者都对，则留下继续写；如有一处错误，则退下，换第二个人上，最后哪个组剩下的"后备力量"多则获胜。

Ученики делятся на две группы, каждая группа по очереди отправляет по одному человеку к доске для написания пиньиня диктуемого слова. Если инициаль, финаль и тон написаны верно, то стоящий у доски продолжает игру; если допущена хотя бы одна ошибка в одном из трех компонентов, то стоящий у доски выбывает из игры, его меняет следующий игрок из группы. Побеждает та группа, в которой на конец игры остается больше людей в запасе.

Nǐ jiào shénme míngzi
你叫什么名字

Как тебя зовут

一 对话 Duìhuà Диалоги

（一）

Wáng Míng: Nǐ hǎo, nǐ jiào shénme míngzi?
王明：你好，你叫什么名字？

Nígǔlā: Wǒ jiào Nígǔlā, nǐ ne?
尼古拉：我叫尼古拉，你呢？

Wáng Míng: Wǒ jiào Wáng Míng.
王明：我叫王明。

Nígǔlā: Hěn gāoxìng rènshi nǐ.
尼古拉：很高兴认识你。

Wáng Míng: Wǒ yě hěn gāoxìng rènshi nǐ.
王明：我也很高兴认识你。

（二）

Yóulìyà: Lǎoshī, nín guìxìng?
尤利娅：老师，您贵姓？

Wáng lǎoshī: Wǒ xìng Wáng.
王老师：我姓王。

第 2 课　你叫什么名字
Урок 2　Как тебя зовут

Yóulìyà: Wáng lǎoshī, nín hǎo!
尤利娅：王 老师，您 好！

Wáng lǎoshī: Nǐ hǎo, nǐ xìng shénme?
王老师：你好，你姓 什么？

Yóulìyà: Wǒ xìng Bǐdéluówá, wǒ jiào Yóulìyà.
尤利娅：我 姓 彼得罗娃，我 叫 尤利娅。

Wáng lǎoshī: Tā jiào shénme míngzi?
王老师：他叫 什么 名字？

Yóulìyà: Tā jiào Wáng Míng.
尤利娅：他叫 王 明。

二 句子 Jùzi　Речевые образцы

Nǐ jiào shénme míngzi?
1. 你叫 什么 名字？

Wǒ jiào Nígǔlā, nǐ ne?
2. 我 叫 尼古拉，你呢？

Hěn gāoxìng rènshi nǐ.
3. 很 高兴 认识你。

Nín guìxìng?
4. 您 贵姓？

Wǒ xìng Wáng.
5. 我 姓 王。

三 汉字 Hànzì Китайские иероглифы

1.	头	tóu	голова
2.	目	mù	глаз
3.	耳	ěr	ухо
4.	足	zú	нога
5.	多	duō	много
6.	少	shǎo	мало
7.	月	yuè	луна
8.	山	shān	гора
9.	石	shí	камень
10.	田	tián	поле
11.	左	zuǒ	лево
12.	右	yòu	право
13.	水	shuǐ	вода
14.	火	huǒ	огонь
15.	土	tǔ	почва, земля

四 生词表 Shēngcíbiǎo Новые слова

1.	叫	jiào	*v.*	кричать, звать
2.	什么	shénme	*pron.*	какой
3.	名字	míngzi	*n.*	имя, название

第 2 课　你叫什么名字
урок 2　Как тебя зовут

4. 我	wǒ	pron.	я
5. 呢	ne	aux.	- а, же (в конце предложения, указывает на обязательность ответа)
6. 高兴	gāoxìng	adj.	радостный
7. 认识	rènshi	v.	знакомиться
8. 您	nín	pron.	вы (вежливое обращение к одному лицу)
9. 贵姓	guìxìng	n.	Как Ваша фамилия
10. 姓	xìng	v.	фамилия
11. 他	tā	pron.	он

专有名词 Zhuānyǒu míngcí　Имена собственные

1. 王明	Wáng Míng	Ван Мин
2. 尤利娅·彼得罗娃	Yóulìyà Bǐdéluówá	Юлия Петрова

五　注释 Zhùshì　Комментарии

1. 用"什么"的问句

Вопросительные предложения с вопросительным словом «什么» «что, какой»

疑问代词"什么"可以跟许多名词构成疑问短语，对地点、内容、时间等各个方面进行提问。例如：

Вопросительное местоимение «什么» «что, какой», сочетаясь с разными существительными, употребляется в вопросах о месте, времени, содержании и т. д.

Например:

主语 подлежащее	谓语 сказуемое	
	动词 глагол	宾语 дополнение
你	叫	什么名字
你	姓	什么

2. 用"呢"的省略式疑问句

Неполные вопросительные предложения с вопросительным словом «呢» «же, ведь, ну, а»

"呢"用在句尾，形成省略式疑问句，这类问句省略了某个成分，在有上下文的情况下，问与上文相同的问题。

Вопросительная частица «呢», часто переводимая русскими частицами «же, ведь, ну, а», употребляется всегда в конце предложений и образует неполное вопросительное предложение. В таком предложении повторяется вопрос, задаваемый раньше в предыдущем контексте.

Например:

我很好。	你呢？
我叫王明。	你呢？

3. 中国人的姓与名　Фамилии и имена у китайцев

正式点儿的汉语人名由姓和名两个部分组成，姓在前，名在后。

Полное поименование китайца обычно включает в себя фамилию и имя. Фамилия китайца всегда указывается до его имени, что отличается от поименования европейца.

姓 фамилия	名 имя
丁	玉兰
王	明

4. 您贵姓 «Как ваша фамилия?»

这是尊敬、客气地询问姓氏的方法，回答时可以说"我姓……"，或者直接回答全名"我叫……"，不能说"我贵姓……"。询问第三者姓氏时，不能用"他贵姓？"。

Это уважительное обращение к собеседнику с целью узнать его фамилию. Ответ на него является оборотом «Моя фамилия...» или «Меня зовут...». Обратите внимание: «贵» может заменять лишь местоимение второго лица, поэтому «贵姓» нельзя употребляться в вопросе о фамилии третьего лица или в ответе на вопрос «Как ваша фамилия?» (т. е. нельзя говорить «他贵姓？» «我贵姓……»).

主语 подлежащее	谓语 сказуемое
您	贵姓
我	姓王
我	姓丁

六 练习 Liànxí Упражнения

1. 正确拼读下列音节 Прочитайте следующие слоги

| zǒu lù 走路 | chūfā 出发 | liànxí 练习 | shōurù 收入 | yǎn xì 演戏 | sùshè 宿舍 |

🎧 2. 辨别听到的音节　Послушайте и различите паронимы

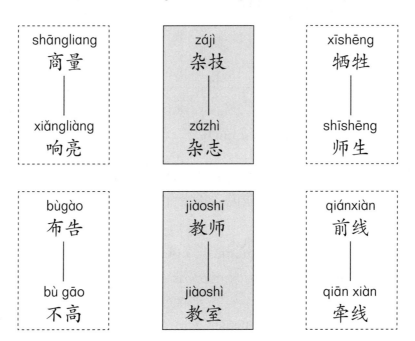

🎧 3. 句型操练　Заполните пропуски словами в скобках

（1）你叫什么名字？

　　_____叫什么名字？（她　他）

（2）我叫尼古拉，你呢？

　　我叫_____，你呢？（丁玉兰　尤利娅　王明）

（3）我姓王。

　　我姓_____。（张　李　刘）

🎧 4. 双人练习对话　Проведите диалоги

（1）A：我叫王明。你呢？

　　B：_____。很高兴认识你。

（2）A：老师，_____？

　　B：我姓王，_____？

　　A：我姓丁，我叫玉兰。很高兴认识您！

5. 按笔顺书写下列汉字　Напишите следующие китайские иероглифы по правильной последовательности написания

头													
目													
耳													
足													
多													
少													
月													
山													
石													
田													
左													

右

水

火

土

6. 小游戏　Учебная игра

他 / 她姓什么？叫什么名字？

Как его/ее фамилия？　Как его/ее зовут？

Nǐ shì nǎ guó rén
你是哪国人
Ты из какой страны

一 对话 Duìhuà Диалоги

（一）

Yīfán: Qǐngwèn, nǐ jiào shénme míngzi?
伊凡：请问，你叫什么名字？

Zhāng Huá: Wǒ jiào Zhāng Huá, nǐ ne?
张华：我叫张华，你呢？

Yīfán: Wǒ jiào Yīfán, nǐ shì nǎ guó rén?
伊凡：我叫伊凡，你是哪国人？

Zhāng Huá: Wǒ shì Zhōngguórén, nǐ shì nǎ guó rén?
张华：我是中国人，你是哪国人？

Yīfán: Wǒ shì Bái'éluósīrén. Hěn gāoxìng rènshi nǐ.
伊凡：我是白俄罗斯人。很高兴认识你。

Zhāng Huá: Wǒ yě hěn gāoxìng rènshi nǐ.
张华：我也很高兴认识你。

（二）

Yīfán: Zhāng Huá, nǐ shì Běijīngrén ma?
伊凡：张华，你是北京人吗？

Zhāng Huá: Wǒ bú shì Běijīngrén, wǒ shì Shànghǎirén.
张华：我不是北京人，我是上海人。

Yīfán: Tā shì shuí?
伊凡：他是谁？

Zhāng Huá: Tā shì wǒ tóngxué.
张华：他是我同学。

Yīfán: Tā yě shì Shànghǎirén ma?
伊凡：他也是上海人吗？

Zhāng Huá: Duì, wǒmen dōu shì Shànghǎirén.
张华：对，我们都是上海人。

二 句子 Jùzi　Речевые образцы

Nǐ shì nǎ guó rén?
1. 你是哪国人？

Wǒ shì Zhōngguórén.
2. 我是中国人。

Nǐ shì Běijīngrén ma?
3. 你是北京人吗？

Wǒ bú shì Běijīngrén.
4. 我不是北京人。

Tā shì shuí?
5. 他是谁？

第 3 课　你是哪国人
Урок 3　Ты из какой страны

三　汉字 Hànzì　Китайские иероглифы

1.	木	mù	дерево
2.	禾	hé	злак
3.	中	zhōng	середина, центр
4.	来	lái	приходить, приехать
5.	去	qù	уходить, уехать
6.	出	chū	выходить, выехать
7.	入	rù	входить, въехать
8.	坐	zuò	сидеть, саживаться
9.	立	lì	стоять, вставать
10.	走	zǒu	идти, ходить
11.	不	bù	нет
12.	长	cháng	длинный
13.	花	huā	цветок
14.	飞	fēi	летать, летить
15.	又	yòu	опять, снова, еще раз

四　生词表 Shēngcíbiǎo　Новые слова

1.	请问	qǐngwèn	v.	Скажите, пожалуйста...

2. 是	shì	v.	есть, являться, предсталять собой
3. 哪	nǎ	pron.	какой
4. 国	guó	n.	страна, государство
5. 人	rén	n.	человек
6. 谁	shuí	pron.	кто
7. 对	duì	adj.	правильный, верный

词语扩展 Cíyǔ kuòzhǎn   Дополнительные слова

国家 Guójiā   Страны

1. 白俄罗斯	Bái'éluósī	Беларусь
2. 美国	Měiguó	США
3. 英国	Yīngguó	Англия
4. 日本	Rìběn	Япония

城市 Chéngshì   Города

1. 广州	Guǎngzhōu	Гуанчжоу
2. 香港	Xiānggǎng	Сянган (Гонконг)
3. 湛江	Zhànjiāng	Чжаньцзян
4. 明斯克	Míngsīkè	Минск
5. 莫吉廖夫	Mòjíliàofū	Могилев

第 3 课　你是哪国人
Урок 3　Ты из какой страны

五　注释 Zhùshì　Комментарии

1. 用"哪"的问句
Вопросительное предложение с вопросительным словом «哪»

（1）用疑问词"哪"提问的句子通常用来提问人或事物。本课中，"哪"的问句主要是问对方的国籍。

Вопросительное слово «哪» «какой» употребляется в вопросах о свойствах человека или предмета. Например, в тексте при помощи «哪» образуется вопрос о гражданстве человека.

主语 подлежащее	谓语 сказуемое	
	是	宾语 дополнение
你	是	哪国人

（2）为了表示一个人具体的国籍，我们经常将"人"字放在国家名后面。

Слово «人» («человек»), следуя за названием страны, указывает на гражданство человека.

主语 подлежащее	谓语 сказуемое	
	是	宾语 дополнение
我	是	中国人
我	是	白俄罗斯人

（3）在一些国家名称后面不需要加"国"，例如：日本、澳大利亚、加拿大等。

Слово «国» («страна») нельзя сочетать с некоторыми названиями стран, например, Японией, Австралией, Канадой и т. д.

主语 подлежащее	谓语 сказуемое	
	是	宾语 дополнение
我	是	白俄罗斯人
我	是	澳大利亚人
我	是	加拿大人

2. "是"字句　Предложение с глаголом-связкой «是»

（1）由判断动词"是"作谓语构成的句子，主要表示判断，说明事物等于或属于什么。

Определяющее предложение с глаголом-связкой «是» «есть, являться» имеет значение идентичности или притяжательности.

主语 подлежащее	谓语 сказуемое	
	是	宾语 дополнение
我	是	中国人
我	是	北京人

（2）如果句子的动词前有副词"也""都"或者两个词都有，那么应该像下面的例句一样排列：

Если в определяющем предложении употребляются наречия «也» «тоже» и «都» «все», то наречия ставятся перед глаголом-связкой, причем «也» перед «都».

她	也是	上海人
我们	都是	上海人
他们	也都是	上海人

（3）"是"字句的否定形式是在"是"前加"不"。

Отрицательная форма такого предложения образуется при помощи отрицания «不», которое ставится перед глаголом-связкой «是» (т. е. «不是»).

他	不是	北京人
她	不是	中国人

3. 用"谁"的问句 Вопросительное предложение с вопросительным словом «谁»

用疑问代词"谁"的问句，主要用来问"什么人"。

Вопросительное местоимение «谁» «кто» употребляется в вопросах о человеке (переводимого русским выражением, например, «Кто это»).

主语 подлежащее	谓语 сказуемое	
	是	宾语 дополнение
他	是	谁
她	是	谁
他们	是	谁

主语 подлежащее	谓语 сказуемое	
	是	宾语 дополнение
谁	是	张华
谁	是	王老师

六 练习 Liànxí Упражнения

1. 辨别听到的音节 Послушайте и различите паронимы

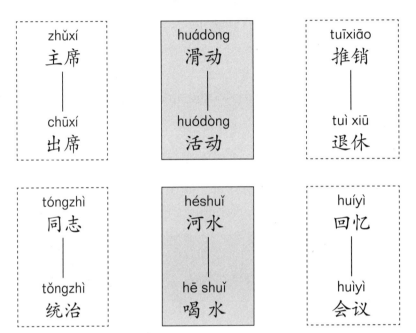

2. 句型操练 Заполните пропуски словами в скобках

（1）你是哪国人？

　　_____ 是哪国人？（伊凡　尤利娅　王明）

（2）我是中国人。

　　_____ 是 _____ 。（他　她　他们）

（3）A：你是北京人吗？

　　B：我不是北京人。我是上海人。

　　A：你是 _____ 人吗？

第 3 课　你是哪国人
Урок 3　Ты из какой страны

　　B：我不是 _____ 人。我是 _____ 人。

　　（中国　白俄罗斯 / 北京　明斯克）

3. 双人练习对话　Проведите диалоги

（1）A：_____？

　　B：我是中国人。

　　A：她是哪国人？

　　B：_____。

（2）A：_____？

　　B：我不是上海人，我是北京人。

　　A：_____？

　　B：他是我同学。

　　A：他也是北京人吗？

　　B：不是，_____。

4. 按笔顺书写下列汉字　Напишите следующие китайские иероглифы по правильной последовательности написания

木															
禾															
中															
来															

35

去
出
入
坐
立
走
不
长
花
飞
又

5. 朗读短文　Прочитайте текст

Wǒ jiào Zhāng Huá, wǒ shì Zhōngguórén. Tā shì wǒ de tóngxué.
我 叫 张 华, 我 是 中 国 人。他 是 我 的 同学。

Tā jiào Nígǔlā, tā shì Bái'éluósīrén.
他 叫 尼古拉, 他 是 白俄罗斯人。

6. 小游戏：汉字套圈比赛　Учебная игра: «Попади в иероглифы»

老师选择前三课学过的汉字，将这些字做成PPT，同时也做成卡片，贴在地上。先引导学生把PPT上的字读一遍，熟练后由教师指定两个汉字，学生每人套一次，没有套中的学生由教师指定一个字，让学生直接去拿，拿对即可。

Преподаватель выбирает иероглифы из последних трёх пройденных уроков, добавляет их в презентацию, готовит с ними карточки, которые кладутся на пол, и подготавливает колечки. Первый желающий ученик должен прочитать все иероглифы из презентации, после чего преподаватель называет два любых иероглифа. У каждого ученика есть одна попытка, чтобы попасть колечком в любой из двух иероглифов. Для тех, кто не попал, преподаватель называет по одному иероглифу, а ученик должен поднять нужную карточку.

Dì-sì kè
第 4 课
Урок 4

Nǐ jiā yǒu jǐ kǒu rén
你家有几口人

Сколько человек в твоей семье

一 对话 Duìhuà Диалоги

（一）

Yīfán: Zhāng Huá, nǐ jiā yǒu jǐ kǒu rén?
伊凡： 张 华，你家 有 几 口 人？

Zhāng Huá: Wǒ jiā yǒu sān kǒu rén, bàba、 māma hé wǒ.
张华： 我家 有 三 口 人，爸爸、妈妈 和 我。

Yīfán: Nǐ bàba zuò shénme gōngzuò?
伊凡： 你 爸爸 做 什么 工作？

Zhāng Huá: Tā shì yīshēng.
张华： 他 是 医生。

Yīfán: Nǐ māma ne?
伊凡： 你妈妈呢？

Zhāng Huá: Tā shì lǎoshī.
张华： 她是老师。

（二）

Nígǔlā: Yóulìyà, nǐ yǒu jiějie ma?
尼古拉： 尤利娅，你有姐姐吗？

第 4 课　你家有几口人

Урок 4　Сколько человек в твоей семье

Yóulìyà: Wǒ méiyǒu jiějie, wǒ zhǐ yǒu yí ge gēge. Nǐ ne?
尤利娅：我没有姐姐，我只有一个哥哥。你呢？

Nígǔlā: Wǒ yǒu yí ge gēge, yí ge jiějie, yí ge mèimei hé liǎng ge dìdi.
尼古拉：我有一个哥哥，一个姐姐，一个妹妹和两个弟弟。

Yóulìyà: Nǐ jiějie zài nǎr gōngzuò?
尤利娅：你姐姐在哪儿工作？

Nígǔlā: Tā zài yīyuàn gōngzuò.
尼古拉：她在医院工作。

Yóulìyà: Tā shì yīshēng ma?
尤利娅：她是医生吗？

Nígǔlā: Tā bú shì yīshēng, tā shì hùshi.
尼古拉：她不是医生，她是护士。

二 句子 Jùzi　Речевые образцы

Nǐ jiā yǒu jǐ kǒu rén?
1. 你家有几口人？

Wǒ jiā yǒu sān kǒu rén.
2. 我家有三口人。

Nǐ bàba zuò shénme gōngzuò?
3. 你爸爸做什么工作？

Nǐ yǒu jiějie ma?
4. 你有姐姐吗？

Nǐ jiějie zài nǎr gōngzuò?
5. 你姐姐在哪儿工作？

三 汉字 Hànzì Китайские иероглифы

1.	风	fēng	ветер
2.	云	yún	облако
3.	雨	yǔ	дождь
4.	雪	xuě	снег
5.	林	lín	лес
6.	天	tiān	небо
7.	地	dì	земля
8.	春	chūn	весна
9.	冬	dōng	зима
10.	马	mǎ	лошадь
11.	牛	niú	корова
12.	羊	yáng	овца
13.	鱼	yú	рыба

四 生词表 Shēngcíbiǎo Новые слова

1.	家	jiā	*n.*	дом
2.	有	yǒu	*v.*	есть, иметь, обладать
3.	几	jǐ	*пит.*	сколько
4.	口	kǒu	*mw.*	счетное слово для людей и домашних животных

第 4 课　你家有几口人

Урок 4　Сколько человек в твоей семье

5.	和	hé	*conj.*	*соединительный союз:* и, да
6.	做	zuò	*v.*	делать
7.	工作	gōngzuò	*n./v.*	работа; работать
8.	医生	yīshēng	*n.*	врач
9.	姐姐	jiějie	*n.*	старшая сестра
10.	没有	méiyǒu	*v.*	не
11.	只	zhǐ	*adv.*	только, лишь
12.	个	gè	*mv.*	*универсальное счетное слово:* штука
13.	哥哥	gēge	*n.*	старший брат
14.	妹妹	mèimei	*n.*	младшая сестра
15.	弟弟	dìdi	*n.*	младший брат
16.	两	liǎng	*num.*	два, оба
17.	在	zài	*prep.*	*указывает на место или время:* в, на
18.	医院	yīyuàn	*n.*	больница
19.	护士	hùshi	*n.*	медсестра

词语扩展 Cíyǔ kuòzhǎn　Дополнительные слова

1.	职业	zhíyè	профессия
2.	工人	gōngrén	рабочий
3.	职员	zhíyuán	служащий
4.	学生	xuéshēng	ученик, студент
5.	警察	jǐngchá	полиция
6.	农民	nóngmín	крестьянин

五 注释 Zhùshì Комментарии

1. "有"字句 Предложение с глаголом «有»

（1）"有"字句是由"有"作谓语构成的句子，表示领有，其基本形式是：名词性词语 + "有"（+ 修饰限定语）+ 名词性词语。

Предложение с глаголом «有» «есть, иметь, обладать» в позиции сказуемого имеет значение обладания. «有» ставится между обладателем и обладаемым.

主语 подлежащее	谓语 сказуемое	
	有	宾语 дополнение
我	有	一个姐姐
我	有	一个哥哥
尼古拉	有	一个手机

（2）"有"的否定形式："有"只能接受"没"的否定，不能接受"不"的否定。

Отрицательная форма образуется при помощи отрицания «没», которое ставится перед «有» (обратите внимание: «有» НЕ сочетается с отрицанием «不»).

主语 подлежащее	谓语 сказуемое	
	没有	宾语 дополнение
我	没有	姐姐
他	没有	哥哥
尼古拉	没有	手机

第 4 课　你家有几口人
Урок 4　Сколько человек в твоей семье

（3）"也""都"这类副词要放在主语的后面、"有""没有"的前面。

Наречия «也» «都», следуя за подлежащим, ставятся перед глаголом «有» или «没有».

主语 подлежащее	谓语 сказуемое	
	副词 + 有 / 没有	宾语 дополнение
他	也有	一个姐姐
尼古拉	也有	一个哥哥
我	也没有	手机
他们	都没有	弟弟

2. "几"和"多少"　　«несколько» и «сколько»

当预期数量比较少时用"几"提问，比如"十"以内的数量或者"十几"；而"多少"常常询问比较大的数量，像手机号码、电话号码这类位数比较多的数字要用"多少"提问。例如：

Вопросительные местоимения «几» и «多少» употребляются в вопросах о количестве. При счете до 10 (иногда и между 10 и 20) обычно употребляется «几», а «多少» - вообще для любого числа (чаще для больших чисел). Для ряда цифр (например, номера телефона) всегда употребляется «多少». Например:

（1）你家有几口人？
（2）你住几号楼？
（3）你的房间号是多少？
（4）你的手机号是多少？

3. 结构助词"的"的省略用法　　Опущение служебного слова «的»

当"的"后是亲属称谓或比较亲近的人，并且不需要表达舒缓的语气时，助词"的"可以省略。

我的爸爸 = 我爸爸　　你的妈妈 = 你妈妈

他的老师 = 他老师　　她的同学 = 她同学

Служебное слово «的» можно опустить, если в качестве определителя выступает личное местоимение и опредедяемым является существительное со значения термина родства.

4. 介词"在" Предлог «在»

(1) 介词"在"表示动作、情状所涉及的时间、地点、情形、范围等，本课中主要表示地点。"在"作介词使用时，宾语的后面会有动词或动词短语。

Предлог «在» указывает на время, место, сферу и т. д., где происходит действие или ситуация. В данном тексте «在» указывает на место. Обычно за конструкцией «在+место» следует глагол или глагольное словосочетание.

主语 подлежащее	谓语 сказуемое		
	在	宾语 дополнение	动词 (+ 宾语 дополнение)
她	在	医院	工作
我爸爸	在	北京	工作

(2) "也""都"这类副词要放在主语的后面、"在"的前面。

Наречия «也» «都», следуя за подлежащим, ставятся перед предлогом «在».

主语 подлежащее	谓语 сказуемое		
	副词 + 在	宾语 дополнение	动词 (+ 宾语 дополнение)
我爸爸	也在	医院	工作
他们	都在	北京	工作

第 4 课　你家有几口人
Урок 4　Сколько человек в твоей семье

5. "二"和"两"的区别　«二» и «两»

"二"和"两"都表示"2",数数和读数字时多用"二",而在量词前面时多用"两"。例如：

Основное значение «二» и «两» - «два, двое». «二» (èr) употребляется в таких ситуациях:1) в поименованиях количественных числительных; 2) когда речь идет о порядковом числительном. «两» (liǎng) употребляется перед счетными словами или теми существительными, которые обычно употребляются без счетных слов. Например:

2	èr
12	shí'èr
22	èrshí'èr
两个弟弟	liǎng ge dìdi

六　练习 Liànxí　Упражнения

1. 给下列汉字注音　Транскрибируйте следующие иероглифы

作	和	爸	妈	姐
弟	哥	是	有	口

2. 句型操练　Заполните пропуски словами в скобках

（1）A：你家有几口人？

　　B：我家有三口人。

　　A：_____家有几口人？

　　B：_____家有___口人。（张华/三　王老师/五　尼古拉/六）

（2）A：你爸爸做什么工作？

　　B：他是警察。

　　A：_____做什么工作？

　　B：_____。

（张华的爸爸/医生　张华的妈妈/老师）

（3）A：你有_____吗？（姐姐　哥哥　妹妹　弟弟）

　　B：我没有_____。

（4）A：你姐姐在哪儿工作？

　　B：她在医院工作。

　　A：_____在哪儿工作？

　　B：_____。

（你爸爸/上海　你妈妈/明斯克　你姐姐/学校）

3. 双人练习对话　Проведите диалоги

（1）A：_____？

　　B：我家有三口人，爸爸、妈妈和我。

　　A：_____？

　　B：我爸爸是医生。

　　A：_____？

　　B：我妈妈在学校工作。

（2）A：你有哥哥吗？

　　B：_____。我只有一个姐姐。

第 4 课　你家有几口人

Урок 4　Сколько человек в твоей семье

A：你姐姐在哪儿工作？

B：_____。

4. 按笔顺书写下列汉字　Напишите следующие китайские иероглифы по правильной последовательности написания

| 风 |
| 云 |
| 雨 |
| 雪 |
| 电 |
| 见 |
| 林 |
| 天 |
| 地 |
| 春 |
| 冬 |
| 马 |

牛

羊

鱼

5. 朗读短文　Прочитайте текст

Wǒ jiào Zhāng Huá, wǒ shì Zhōngguórén. Wǒ jiā yǒu sān kǒu rén: bàba,
我叫张华，我是中国人。我家有三口人：爸爸、

māma hé wǒ.
妈妈和我。

Wǒ bàba shì Shànghǎirén, tā shì yīshēng, tā zài yīyuàn gōngzuò.
我爸爸是上海人，他是医生，他在医院工作。

Wǒ māma shì Běijīngrén, tā shì lǎoshī, tā zài dàxué gōngzuò.
我妈妈是北京人，她是老师，她在大学工作。

6. 小游戏：老照片介绍家人
Учебная игра: «Моя семья на фотографии»

让学生准备自己童年时期的照片，依次上台，根据照片介绍自己及家人，可以参考下列句型：

我叫 _____，我是 ____ 国人。我家有 _____ 口人：_____、_____ 和 _____。我爸爸是 _____ 人，他是 _____（职业）。我妈妈是 _____ 人，她是 _____。

学生介绍完后，教师可以在不说姓名的情况下用第三人称介绍学生信

第 4 课　你家有几口人

Урок 4　Сколько человек в твоей семье

息，如"他是白俄罗斯人""他有一个哥哥、一个妹妹""他爸爸是医生"等，其他学生可以举手猜是谁。

Ученики по очереди показывают фотографию себя и семьи, сделанную в детском возрасте, и, с помощью данной фотографии, рассказывают о своей семье. Можно использовать следующий образец:

Меня зовут _____, я живу в _____ (страна). В моей семье _____ человек: _____, _____ и _____. Мой отец - _____, он работает в _____. Моя мама - _____, она работает в _____.

После выступления всех учеников преподаватель, не называя имени и фамилии, говорит любую информацию о каком-либо ученике (например, «он – из Беларуси, у него есть старший брат и младшая сестра, его отец – доктор, и т.д.), остальные ученики должны угадать, о ком идет речь.

Jīntiān jǐ hào
今天几号

Какое сегодня число

一　对话 Duìhuà　Диалоги

（一）

Yīfán:　Jīntiān jǐ hào?
伊凡：今天几号？

Wáng Míng:　Jīntiān wǔ hào.
王明：今天五号。

Yīfán:　Jīntiān xīngqī jǐ?
伊凡：今天星期几？

Zhāng Huá:　Jīntiān xīngqīsān.
张华：今天星期三。

Yīfán:　Míngtiān shì Nígǔlā de shēngrì.
伊凡：明天是尼古拉的生日。

Zhāng Huá:　Tā de shēngrì shì bāyuè liù hào ma?
张华：他的生日是八月六号吗？

Yīfán:　Shì.
伊凡：是。

第 5 课　今天几号
Урок 5　Какое сегодня число

（二）

尼古拉：伊凡，今天星期三吗？
Nígǔlā: Yīfán, jīntiān xīngqīsān ma?

伊凡：今天不是星期三，昨天是星期三。
Yīfán: Jīntiān bú shì xīngqīsān, zuótiān shì xīngqīsān.

尼古拉：今天几号？
Nígǔlā: Jīntiān jǐ hào?

伊凡：八月六号。今天是你的生日。
Yīfán: Bāyuè liù hào. Jīntiān shì nǐ de shēngrì.

尼古拉：啊，我忘了。谢谢你！
Nígǔlā: À, wǒ wàng le. Xièxie nǐ!

伊凡：不用谢。晚上我们一起吃饭吧。
Yīfán: Búyòng xiè. Wǎnshang wǒmen yìqǐ chī fàn ba.

尼古拉：好啊！
Nígǔlā: Hǎo a!

二　句子 Jùzi　Речевые образцы

1. 今天几号？
   Jīntiān jǐ hào?

2. 今天星期几？
   Jīntiān xīngqī jǐ?

3. 今天不是星期三，昨天星期三。
   Jīntiān bú shì xīngqīsān, zuótiān xīngqīsān.

Jīntiān shì nǐ de shēngrì.
4. 今天 是你的 生日。

Xièxie nǐ!
5. 谢谢你!

三 汉字 Hànzì Китайские иероглифы

1.	草	cǎo	трава
2.	虫	chóng	насекомое
3.	鸟	niǎo	птица
4.	写	xiě	писать
5.	了	le	*указывает на завершение действия*
6.	文	wén	письмо, текст
7.	交	jiāo	передавать, отдавать, сдавать
8.	同	tóng	одинаковый
9.	开	kāi	открывать
10.	心	xīn	сердце
11.	真	zhēn	истинный, аутентичный
12.	高	gāo	высокий
13.	兴	xìng	интерес; начинаться
14.	车	chē	машина, телега
15.	阳	yáng	солнце

第 5 课　今天几号
Урок 5　Какое сегодня число

四　生词表 Shēngcíbiǎo　Новые слова

1.	今天	jīntiān	*n.*	сегодня
2.	号	hào	*n.*	число
3.	星期	xīngqī	*n.*	неделя
4.	明天	míngtiān	*n.*	завтра
5.	生日	shēngrì	*n.*	день рождения
6.	月	yuè	*n.*	месяц
7.	昨天	zuótiān	*n.*	вчера
8.	啊	à	*intj.*	*межд. выражающее удивление*
9.	谢谢	xièxie	*v.*	спасибо
10.	不用	búyòng	*adv.*	не надо
11.	晚上	wǎnshang	*n.*	вечер
12.	我们	wǒmen	*pron.*	мы
13.	一起	yìqǐ	*adv.*	вместе
14.	吃	chī	*v.*	есть
15.	饭	fàn	*n.*	обед
16.	吧	ba	*aux.*	*выражает побуждение или предположение*

词语扩展 Cíyǔ kuòzhǎn　Дополнительные слова

1.	前天	qiántiān	позавчера

2. 大前天	dàqiántiān	три дня назад
3. 昨天	zuótiān	вчера
4. 今天	jīntiān	сегодня
5. 明天	míngtiān	завтра
6. 后天	hòutiān	послезавтра
7. 大后天	dàhòutiān	через три дня

五 注释 Zhùshì Комментарии

1. 11—99 的读法 Числа 11—99

11 十一 shíyī	12 十二 shí'èr	13 十三 shísān	14 十四 shísì	15 十五 shíwǔ	16 十六 shíliù
17 十七 shíqī	18 十八 shíbā	19 十九 shíjiǔ	20 二十 èrshí	30 三十 sānshí	40 四十 sìshí
50 五十 wǔshí	60 六十 liùshí	70 七十 qīshí	80 八十 bāshí	90 九十 jiǔshí	99 九十九 jiǔshíjiǔ

2. 年、月、日、星期的表示法　Обозначение года, месяца, дня, недели

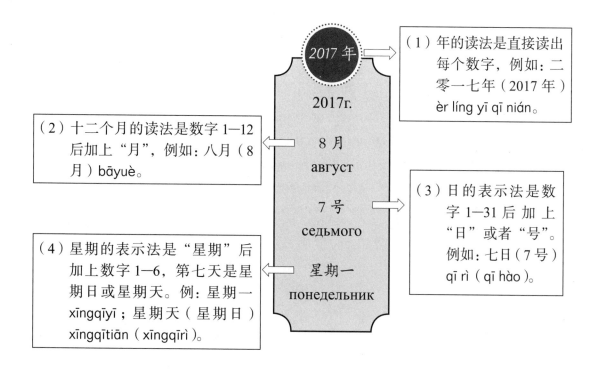

(1) Год читается прямым названием всех цифр, например: 二零一七年（2017年）èr líng yī qī nián.

(2) Название месяца включает в себя соответствующее числительное и слово «月», например: 八月（8月）bāyuè.

(3) Название числа включает в себя соответствующее числительное и слово «号» (или 日), например: 七日（7号）qī rì (qī hào).

(4) Название семи дней в неделе включает в себя слово «星期» и соответствующее числительное, например: 星期一 xīngqīyī. Воскресенье переводится как 星期天（星期日）xīngqītiān (xīngqīrì).

表达顺序一般依次说"年、月、日",再说"星期"。

В китайском языке последовательность слов, обозначающих даты, такова: сначала год, затем месяц, затем число и наконец день недели.

3. 名词谓语句　Предложение с именным сказуемым

（1）由名词、名词短语或数量词等直接作谓语的句子，叫名词谓语句。肯定句不用"是"（如用"是"则是动词谓语句）。这种句子主要用来表达时间、年龄、籍贯及数量等。例如：

В китайском языке существительные, именные конструкции и числительные могут самостоятельно выполнять функцию сказуемого. В таких предложениях не употребляется глагол-связка «是» (со связкой «是» - это уже другой тип предложений). Предложения с именным сказуемым обычно обозначают время, возраст, место рождения, количество и т. д. Например:

主语 подлежащее	谓语 сказуемое
今天	五号
今天	星期三
昨天	星期二

（2）如要表示否定，在主语后、名词谓语前加"不是"，变成动词谓语句。例如：

Отрицательная форма таких предложений образуется при помощи глагола «不是», который ставится между подлежащим и сказуемым. Например:

主语 подлежащее	谓语 сказуемое
今天	不是五号
今天	不是星期三
昨天	不是星期二

4. "吧"的用法　Частица «吧»

"吧"用于句尾，表示猜测、建议、同意、请求。例如：

第 5 课　今天几号
Урок 5　Какое сегодня число

Конечная частица «吧» выражает неопределенность, совет, согласие, просьбу и т. д. в зависимости от ситуаций. Например:

（1）晚上我们一起吃饭吧。（建议）

（2）好吧。（同意）

六　练习 Liànxí　Упражнения

1. 看图回答问题　Посмотрите на картинки и ответьте на вопросы

一	二	三	四	五	六	日
25 初八	26 初九	27 初十	28 十一	29 十二	30 十三	31 十四
大前天 три дня назад	前天 позавчера	昨天 вчера	今天 сегодня	明天 завтра	后天 послезавтра	大后天 через три дня

今天几号？昨天呢？前天呢？大前天呢？明天呢？后天呢？大后天呢？

Какое сегодня число? А вчера? Позавчера? Три дня назад? А завтра? Послезавтра? Через три дня?

2. 句型操练　Заполните пропуски словами в скобках

（1）今天 3 号。

今天 _____ 。（1 号　5 号　30 号）

（2）今天星期四。

　　　今天 _____。（星期三　星期五　星期六）

（3）今天不是星期三，昨天星期三。

　　　今天不是 _____，昨天 _____。

　　（星期四　7月25号　他的生日）

3. 双人练习对话　Проведите диалоги

（1）A：_____？

　　　B：今天是七号。

　　　A：_____？

　　　B：今天星期一。

　　　A：_____？

　　　B：我的生日是12月20号。

（2）A：今天星期六吗？

　　　B：_____（不）。昨天星期六。

　　　A：今天星期几？

　　　B：_____。

　　　A：今天是我的生日，我们一起吃饭吧。

　　　B：_____。

4. 按笔顺书写下列汉字　Напишите следующие китайские иероглифы по правильной последовательности написания

草

第 5 课　今天几号
Урок 5　Какое сегодня число

虫

鸟

写

了

文

交

同

开

心

真

高

兴

车

阳

5. 朗读短文　Прочитайте текст

Wǒ jiào Nígǔlā, wǒ shì Bái'éluósīrén. Jīntiān bāyuè liù hào,
我叫尼古拉，我是白俄罗斯人。今天八月六号，

xīngqīsì. Míngtiān bāyuè qī hào, xīngqīwǔ. Jīntiān shì wǒ de shēngrì,
星期四。明天八月七号，星期五。今天是我的生日，

wǎnshang wǒ hé Zhāng Huá、Yīfán yìqǐ chī fàn.
晚上我和张华、伊凡一起吃饭。

6. 小游戏　Учебная игра

学唱《祝你生日快乐》中文歌曲。

Учитесь петь «С днем рождения» на китайском языке.

Jǐ diǎn shàng kè
几点上课

Когда начинается урок

一 对话 Duìhuà Диалоги

（一）

Nínà: Lǐ Lì, xiànzài jǐ diǎn?
尼娜：李丽，现在几点？

Lǐ Lì: Qī diǎn yíkè.
李丽：七点一刻。

Nínà: Nǐ jǐ diǎn shàng kè?
尼娜：你几点上课？

Lǐ Lì: Bā diǎn.
李丽：八点。

Nínà: Xiànzài nǐ qù jiàoshì ma?
尼娜：现在你去教室吗？

Lǐ Lì: Bú qù, wǒ qù chī fàn.
李丽：不去，我去吃饭。

Nínà: Nǐ shénme shíhou qù jiàoshì?
尼娜：你什么时候去教室？

Lǐ Lì: Chà yíkè bā diǎn qù.
李丽：差一刻八点去。

（二）

Nígǔlā: Míngtiān qù Chángchéng, hǎo ma?
尼古拉：明天 去 长城，好 吗？

Zhāng Huá: Hǎo, shénme shíhou qù?
张华：好，什么 时候 去？

Nígǔlā: Zǎoshang qī diǎn.
尼古拉：早上 七点。

Zhāng Huá: Tài zǎo le, qī diǎn bàn ba. Nǐ jǐ diǎn qǐ chuáng?
张华：太早了，七点半吧。你几点 起 床？

Nígǔlā: Liù diǎn bàn, nǐ ne?
尼古拉：六点半，你呢？

Zhāng Huá: Wǒ yě liù diǎn bàn qǐ chuáng.
张华：我也六点半起 床。

二 句子 Jùzi Речевые образцы

Xiànzài jǐ diǎn?
1. 现在 几点？

Nǐ jǐ diǎn shàng kè?
2. 你几点 上 课？

Wǒ qù chī fàn.
3. 我去吃饭。

Wǒmen shénme shíhou qù?
4. 我们 什么 时候 去？

Wǒ yě liù diǎn bàn qǐ chuáng.
5. 我也六点 半起 床。

第 6 课　几点上课
Урок 6　Когда начинается урок

三　汉字 Hànzì　Китайские иероглифы

1.	红	hóng	красный
2.	黄	huáng	желтый
3.	黑	hēi	черный
4.	蓝	lán	синий
5.	色	sè	цвет
6.	完	wán	окончание
7.	巴	bā	*обычно употребляется в транскрипции заимствованных слов*
8.	士	shì	*устар.* ученый, образованный человек, мужчина
9.	前	qián	перед
10.	后	hòu	за
11.	外	wài	снаружи
12.	元	yuán	юань
13.	儿	ér	ребенок, сын
14.	看	kàn	смотреть
15.	爱	ài	любовь

四 生词表 Shēngcíbiǎo   Новые слова

1. 现在	xiànzài	*n.*	сейчас
2. 点	diǎn	*n.*	час
3. 分	fēn	*n.*	минута
4. 差	chà	*v.*	недоставать, *здесь*: без
5. 刻	kè	*mw.*	четверть часа
6. 教室	jiàoshì	*n.*	аудитория
7. 时候	shíhou	*n.*	время
8. 半	bàn	*num.*	половина, полу-
9. 起床	qǐ chuáng		вставать
10. 早上	zǎoshang	*n.*	утро

专有名词 Zhuānyǒu míngcí   Имена собственные

长城	Chángchéng	Великая китайская стена

词语扩展 Cíyǔ kuòzhǎn   Дополнительные слова

时间 Shíjiān   Время

1. 中午	zhōngwǔ	полдень
2. 下午	xiàwǔ	после обеда, во второй половине дня

日常生活 Rìcháng shēnghuó   Лексика, связанная с повседневной жизнью

1. 学习	xuéxí	учиться, заниматься

2. 锻炼	duànliàn	делать физические упраженения, заниматься спортом
3. 睡觉	shuì jiào	спать, ложиться спать
4. 看电影	kàn diànyǐng	смотреть фильм
5. 买东西	mǎi dōngxi	делать покупки
6. 洗澡	xǐ zǎo	купаться, принимать душ

五 注释 Zhùshì Комментарии

1. 钟点表示法 Обозначение точного времени

钟点 время	读法 1 чтение 1	读法 2 чтение 2	读法 3 чтение 3
2:00	两点		
7:05	七点五分	七点零五分	
8:15	八点十五（分）	八点一刻	
9:30	九点三十（分）	九点半	
10:45	十点四十五（分）	十点三刻	差一刻十一点
11:50	十一点五十（分）		差十分十二点

提醒：数字"2"在"分"的位置上时，不能读"两"（liǎng），而是读作"二"（èr）。例如：

Обратите внимание: перед словом «分» (в значении «минута») вместо «两» (liǎng) употребляется числительное «二» (или сложное числительное, включающее в себя «二») (èr). Например:

两点零二分（*两点零两分） 2:02

两点二十八分（*两点两十八分） 2:28

2. 时间词 Существительные или словосочетания времени

1）表示时间的名词或数量词可作主语、谓语、定语。例如：

Существительные или словосочетания времени выполняют функцию подлежащего, сказуемого или определительгого, например:

（1）现在八点。(主语 подлежащее)

（2）今天五号。(谓语 сказуемое)

（3）他看八点二十的电影。(定语 определительное)

时间词作状语时，可放在主语之后、谓语之前，也可放在主语之前。例如：

Существительные или словосочетания в качестве обстоятельства времени ставятся между подлежащим и сказуемым, либо в начале предложения перед подлежащим.

（1）我晚上看电视。

（2）晚上我看电视。

2）作状语的时间词有两个以上时，表示时间长的词在前。例如：

При наличии в предложения двух или более существительных или словосочетаний в качестве обстоятельства времени, слово, обозначающее самый длинный промежуток времени, обычно предшествует другим. Например:

今天晚上八点二十分我看电影。

3）时间词与处所词同时作状语时，一般来说，时间词在前，处所词在时间词之后。例如：

При наличии в предложения как обстоятельства времени, так и обстоятельства места, обстоятельство времени обычно предшествует обстоятельству места. Например:

她现在在银行工作。

第 6 课　几点上课
Урок 6　Когда начинается урок

六　练习 Liànxí　Упражнения

1. 用汉语说出下列时间，并选择三个造句　Прочитайте следующие словосочетания. Выберите трех из них и составьте предложения

  10：00　　6：30　　8：05　　7：15
  9：20　　11：45　　12：10　　5：35

_____
_____
_____

2. 句型操练　Заполните пропуски словами в скобках

（1）A：现在几点？

  B：现在_____。（7：25　3：05　2：00　11：50）

（2）A：你什么时候去教室？

  B：差一刻八点去。

  A：你什么时候_____？

  B：_____去。（去上海/7月20号　去医院/9：00）

（3）我去吃饭。

  我去_____。（看电影　买东西　洗澡）

3. 双人练习对话　Проведите диалоги

（1）A：_____？

  B：现在七点。

  A：_____？

  B：我八点上课。

（2）A：_____?

B：我十二点十分去吃饭。

4. 按笔顺书写下列汉字　Напишите следующие китайские иероглифы по правильной последовательности написания

| 点 |
| 分 |
| 早 |
| 半 |
| 刻 |
| 时 |
| 鱼 |
| 虫 |
| 鸟 |
| 草 |
| 红 |
| 黄 |

蓝											

黑											

5. 根据实际情况回答问题　Ответьте на следующие вопросы

（1）你几点起床？你吃早饭吗？你几点吃早饭？

（2）你几点上课？几点下课？几点吃饭？

（3）星期六你几点起床？几点睡觉？

6. 小游戏　Учебная игра

用教具钟随意拨出几个典型时刻，让学生抢答。然后，大家谈谈自己一天的作息安排。

Используя большие часы, поставить стрелки на какое-либо время, ученики должны как можно быстрее назвать указанное время. После этого каждый ученик должен рассказать о своём распорядке дня.

复习题 一
Задания для повторения (1)

一、语音练习　Упражения по фонетике

1. 填写拼音　Заполните пропуски подходящими инициялями и финалями

（1）中国　___ōng___uó

（2）医院　y___y___

（3）学生　x___sh___

（4）上课　sh___ k___

（5）生日　___ēng___ì

（6）吃饭　___ī ___àn

（7）起床　___ǐ ___uáng

（8）长城　___áng___éng

（9）老师　l___sh___

（10）再见　z___j___

2. 给下面的句子注音　Транскрибируйте следующие предложения

（1）同学们好！
_____

（2）很高兴认识你。
_____

（3）我叫张华，我学汉语。
_____

（4）我姐姐在学校工作。
_____

复习题一
Задания для повторения (1)

（5）今天八月七号，是我的生日。
　　_____

3. 选词填空　Заполните пропуски подходящими словами

　　　　　谁　什么　哪　哪儿

（1）你 _____ 时候去教室？

（2）他是 _____ 国人？

（3）你哥哥在 _____ 工作？

（4）她是 _____ ？

　　　　　吧　吗　呢　几

（5）你是中国人 _____ ？

（6）我叫尤利娅，你 _____ ？

（7）今天 _____ 号？

（8）晚上我们一起吃饭 _____ 。

　　　　　没　是　叫　不

（9）今天 _____ 是星期三。

（10）我 _____ 有姐姐。

（11）他爸爸 _____ 工人。

（12）我朋友 _____ 尼娜。

　　　　　有　在　去　姓

（13）你家 _____ 几口人？

（14）尼古拉的老师 _____ 王。

（15）我妈妈 _____ 医院工作。

（16）我早上七点 _____ 长城。

二、把括号里的词填入合适位置　Вставьте слова в скобках в подходящее место

1. 他们 A 在 B 北京 C 工作。（都）
2. 今天 A 是 B 她 C 生日。（的）
3. 尼古拉 A 有 B 弟弟 C 吗？（也）
4. 尤利娅 A 现在 B 银行 C 工作。（在）
5. 我们 A 是 B 北京人 C。（不）
6. 他们 A 都 B 好 C，谢谢！（很）
7. A 明天 B 星期 C？（几）
8. A 今天 B 七月二十号 C。（不是）
9. 我们 A 一起 B 学校 C。（去）
10. 你爸爸 A 做 B 工作 C？（什么）

三、用括号中的词语完成句子　Дополните предложения, употребляя слова в скобках

1. A：你好吗？
   B：_____。（很）
2. _____北京人吗？（都）
3. _____工作。（在）
4. 晚上_____吧。（一起）
5. _____，昨天星期五。（不是）
6. A：_____？（时候）
   B：我明天去。
7. _____，我只有一个弟弟。（没有）
8. 尼古拉_____。（有）
9. _____王老师？（谁）
10. 我有_____。（和）

复习题一
Задания для повторения (1)

四、完成对话和短文　Дополните диалог и текст

（一）

A：_____？

B：我家有三口人，爸爸、妈妈和我。

A：_____？

B：我爸爸是老师。

A：_____？

B：我妈妈在医院工作。

（二）

A：_____？

B：现在七点。

A：_____？

B：我八点上课。

A：_____？

B：不去，我现在去吃饭。

（三）

我叫_____，我是_____人。我家有_____口人。

我的手机号是_____。

我____岁，我的生日是____月____号。

五、汉字练习　Упражнения по употреблению иероглифов

1. 选择正确的汉字　Заполните пропуски подходящими иероглифами

（1）你家有＿＿＿口人？（儿　几）

（2）你是上海人＿＿＿？（妈　吗）

（3）今天是我的生＿＿＿。（日　白）

（4）我 ____ 尤利娅。(叫　叩)

（5）我很好，你 ____ ？(呢　泥)

（6）你叫什么名 ____ ？(字　子)

（7）认识你很开 ____ 。(必　心)

（8）我八 ____ 去上课。(占　点)

（9）我坐巴 ____ 去长城。(士　土)

（10）你早 ____ 什么时候起床？(上　下)

2. 填表，使上下左右均成词　Заполните пустые ячейки иероглифами, чтобы каждый ряд и столбик содержали полное слово

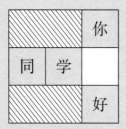 

Nǐ zhù zài nǎr
你住在哪儿

Где ты живешь

一 对话 Duìhuà Диалог

Wáng Míng: Nǐ hǎo, Nígǔlā!
王明：你好，尼古拉！

Nígǔlā: Nǐ hǎo, Wáng Míng!
尼古拉：你好，王明！

Wáng Míng: Nǐ zhù zài nǎr?
王明：你住在哪儿？

Nígǔlā: Wǒ zhù zài Bái'éluósī Guólì Tǐyù Dàxué pángbiān. Nǐ zhù zài nǎr?
尼古拉：我住在白俄罗斯国立体育大学旁边。你住在哪儿？

Wáng Míng: Wǒ zhù zài xuéshēng sùshè.
王明：我住在学生宿舍。

Nígǔlā: Jǐ hào lóu?
尼古拉：几号楼？

Wáng Míng: Bā hào lóu liù líng jiǔ fángjiān.
王明：八号楼 609 房间。

Yǒu shíjiān dào wǒ sùshè lái wánr ba.
有时间到我宿舍来玩儿吧。

Nígǔlā: hǎo de, xièxie!
尼古拉：好的，谢谢！

二 句子 Jùzi Речевые образцы

1. Wǒ qù chāoshì mǎi dōngxi.
   我去超市买东西。

2. Yóulìyà shàng wǎng chá zīliào.
   尤利娅上网查资料。

3. Nígǔlā jīngcháng dào wǒ sùshè lái wánr.
   尼古拉经常到我宿舍来玩儿。

三 短文 Duǎnwén Текст

Wǒ jiào Nígǔlā, zhù zài Bái'éluósī Guólì Tǐyù Dàxué pángbiān. Wǒ jiā
我叫尼古拉，住在白俄罗斯国立体育大学旁边。我家

yǒu qī kǒu rén, bàba、māma、gēge、jiějie、dìdi、mèimei hé wǒ. Bàba shì
有七口人，爸爸、妈妈、哥哥、姐姐、弟弟、妹妹和我。爸爸是

jiàoshī māma shì yīshēng, gēge shì jǐngchá jiějie shì hùshi, wǒ shì dàxuéshēng,
教师，妈妈是医生，哥哥是警察，姐姐是护士，我是大学生，

dìdi、mèimei shì zhōngxuéshēng. Wǒ jiā lí xuéxiào hěn jìn, wǒ zǒu lù qù shàng xué.
弟弟、妹妹是中学生。我家离学校很近，我走路去上学。

Wǒ de péngyou jiào Wáng Míng, tā zhù zài xuéshēng sùshè, wǒ jīngcháng qù tā
我的朋友叫王明，他住在学生宿舍，我经常去他

de sùshè wánr.
的宿舍玩儿。

第 7 课　你住在哪儿
Урок 7　Где ты живёшь

四　生词表 Shēngcíbiǎo　Новые слова

1. 住	zhù	v.	жить
2. 哪儿	nǎr	pron.	где
3. 旁边	pángbiān	n.	рядом
4. 学生	xuésheng	n.	ученик, студент
5. 宿舍	sùshè	n.	общежитие
6. 楼	lóu	n.	здание, корпус
7. 房间	fángjiān	n.	комната
8. 时间	shíjiān	n.	время
9. 到	dào	v.	доходить, доезжать
10. 玩儿	wánr	v.	играть
11. 超市	chāoshì	n.	супермаркет
12. 买	mǎi	v.	покупать
13. 东西	dōngxi	n.	вещь
14. 上网	shàng wǎng		пользоваться интернетом
15. 查	chá	v.	искать
16. 资料	zīliào	n.	материал, данные
17. 大学生	dàxuéshēng	n.	студент
18. 中学生	zhōngxuéshēng	n.	ученик средней школы
19. 离	lí	v.	от
20. 近	jìn	adj.	близкий, ближний

77

21. 走路	zǒu lù		ходить, идти
22. 经常	jīngcháng	adv.	часто

五 注释 Zhùshì Комментарии

1. 几 (jǐ) «Сколько» несколько

用来询问数目。估计数目在 10 以下，一般用"几"；10 以上一般用"多少"。问年龄小于 10 岁一般用"几岁"，10 岁以上一般用"多大"。例如：

Как уже было указано выше, вопросительные местоимения «几» и «多少» употребляются в вопросах о количестве. При счете до 10 (иногда и между 10 и 20) обычно употребляется «几», а «多少» - вообще для любого числа (чаще для больших чисел). Когда речь идет о возрасте, «几» употребляется при возрасте не более 10 лет, а если более 10 лет – обычно употребляется выражение «多大». Например:

（1）小朋友，你几岁了？
（2）你会写多少个汉字？
（3）你多大了？

2. 连谓句 Предложение с составным глагольным сказуемым

在动词谓语句中，几个动词或动词短语连用，并有同一主语，这样的句子叫连谓句。连谓句表达动作行为的目的和动作方式等。例如：

В таком предложении сказуемое включает в себя два или более глаголов или глагольных словосочетаний при общем подлежащем. Второй глагол или глагольное словосочетание имеет значение цели или способа, выраженного первым глаголом или глагольным словосочетанием. Например:

（1）尤利娅买了很多水果吃。
（2）我来中国学汉语。
（3）我们坐飞机去明斯克。

第 7 课　你住在哪儿
Урок 7　Где ты живешь

六　练习 Liànxí　Упражнения

1. 熟读下列词语并造句　Запомните следующие слова и составьте предложения

（1）去超市买 _____。

衣服
水果
东西
食品

（2）住在 _____。

留学生宿舍
学校旁边
广州市黄埔大道西 508 号
银行旁边

2. 按照实际情况回答问题　Ответьте на вопросы

（1）你家在哪儿？

（2）你的宿舍在哪儿？

（3）你住在几号楼？多少号房间？

79

（4）星期天你经常去哪儿玩儿?

（5）晚上你经常做什么?

（6）你经常打电话吗?

93. 用下列词语造句　Составьте предложения, употребляя следующие слова

（1）家　住

_____

（2）几号楼　宿舍

_____

（3）超市　东西

_____

（4）去　玩儿

_____

（5）离　很近

_____

94. 完成对话　Дополните диалог

A：你住在哪儿?

B：_____。你呢?

第 7 课　你住在哪儿
Урок 7　Где ты живёшь

A：我住在＿＿＿＿＿＿。欢迎你来玩儿！

B：好的。＿＿＿＿＿＿！

5. 说话练习　Развите речи

介绍一下儿你的一个朋友。Немного о вашем друге.

提示：他（她）叫什么名字，多大了，家在哪儿，住在哪儿，在哪儿学习或工作等。

Как его/её зовут? Сколько ему/ей лет? Где он(а) живёт? Где он(а) учится или работает?

6. 小游戏　Учебная игра

后背写字：两个人一组，互相在对方后背上写拼音、数字或汉字，让对方猜出写的是什么，猜对最多的一方获胜。也可以把全班分成几个小组，每个小组排成一排背对黑板，老师在黑板上写一个拼音、数字或汉字，让最后一个同学回头看一眼，然后写在他前面同学的背上，前面的同学依次再写在前面同学的背上，最后一位同学说出或写出写的是什么拼音、数字或汉字。

Двое человек объединяются в одну группу, затем по очереди первый на спине у второго пишет пиньинь, число, либо иероглиф, второй должен угадать, что было написано. Побеждает та группа, которая отгадала больше всего слов. Также можно поделить на две группы весь класс. Один человек из обеих групп встаёт спиной к доске. Преподаватель пишет на доске пиньинь, число или иероглиф, после чего стоящие спиной к доске поворачиваются на короткое время, чтобы посмотреть написанное. Затем стоящие спиной к доске должны написать увиденное на спине у первого партнера по группе, первый партнер пишет на спине у второго, и так далее до последнего человека. Побеждает та группа, последний участник которой угадал, какое же слово было изначально написано на доске.

第 8 课 / Урок 8 / Dì-bā kè

Yínháng zài nǎr
银行 在 哪儿
Где находится банк

一 对话 Duìhuà Диалог

Yīfán: Zhāng Huá, nǐ qù nǎr?
伊凡: 张 华, 你 去 哪儿?

Zhāng Huá: Wǒ xiǎng qù yínháng. Nǐ zhīdao nǎr yǒu yínháng ma?
张华: 我 想 去 银行。你 知道 哪儿 有 银行 吗?

Yīfán: Wǎng qián zǒu, guò liǎng ge shízì lùkǒu, zài lù de yòubian.
伊凡: 往 前 走, 过 两 个 十字 路口, 在 路 的 右边。

Zhāng Huá: Yuǎn ma?
张华: 远 吗?

Yīfán: Bú tài yuǎn. Nǐ kěyǐ zuò gōngjiāochē qù.
伊凡: 不 太 远。你 可以 坐 公交车 去。

Zhāng Huá: Zuò jǐ lù gōngjiāochē?
张华: 坐 几 路 公交车?

Yīfán: Shí'èr lù.
伊凡: 12 路。

Zhāng Huá: Xièxie! Zàijiàn!
张华: 谢谢! 再见!

第 8 课　银行在哪儿
Урок 8　Где находится банк

Yīfán:　Bú kèqi.　Zàijiàn!
伊凡：　不客气。再见！

二　句子 Jùzi　Речевые образцы

1. Lǎoshī zhuōzi shang yǒu hěn duō shū.
   老师桌子上有很多书。

2. Nígǔlā de bāo li yǒu yí ge hěn piàoliang de shǒujī.
   尼古拉的包里有一个很漂亮的手机。

3. Jiàoshì li yǒu sān ge xuéshēng.
   教室里有三个学生。

三　短文 Duǎnwén　Текст

Wǒmen xuéxiào de zhōngjiān shì túshūguǎn, túshūguǎn de nánbian yǒu yí ge dà huāyuán, huāyuán li yǒu yí ge hěn dà de hú; běibian shì xuéshēng sùshè, yǒu hěn duō xuéshēng zhù zài zhèli; dōngbian shì sì zuò jiàoxuélóu, lǐmiàn yǒu hěn duō piàoliang de jiàoshì; xībian shì cāochǎng. Wǒmen de xuéxiào hěn piàoliang.

我们学校的中间是图书馆，图书馆的南边有一个大花园，花园里有一个很大的湖；北边是学生宿舍，有很多学生住在这里；东边是四座教学楼，里面有很多漂亮的教室；西边是操场。我们的学校很漂亮。

四 生词表 Shēngcíbiǎo Новые слова

1. 银行	yínháng	n.	банк
2. 想	xiǎng	v.	думать
3. 知道	zhīdao	v.	знать
4. 往	wǎng	prep.	*указывает на направление движения*: в, на, к
5. 前	qián	n.	передняя сторона
6. 过	guò	v.	переходить, переезжать
7. 十字	shízì	n.	крест
8. 路口	lùkǒu	n.	перекресток
9. 右边	yòubian	n.	правая сторона
10. 远	yuǎn	adj.	далекий, дальний
11. 太	tài	adv.	слишком
12. 可以	kěyǐ	v.	мочь, можно
13. 公交车	gōngjiāochē	n.	автобус
14. 路	lù	n.	дорога, путь
15. 客气	kèqi	v.	вежливый, любезный
16. 包	bāo	n.	сумка
17. 漂亮	piàoliang	adj.	красивый
18. 手机	shǒujī	n.	мобильный телефон
19. 学校	xuéxiào	n.	школа
20. 中间	zhōngjiān	n.	середина

21.	图书馆	túshūguǎn	n.	библиотека
22.	南边	nánbian	n.	юг
23.	花园	huāyuán	n.	сад
24.	湖	hú	n.	озеро
25.	北边	běibian	n.	север
26.	东边	dōngbian	n.	восток
27.	座	zuò	mw.	сидение
28.	教学楼	jiàoxuélóu	n.	учебный корпус
29.	西边	xībian	n.	запад
30.	操场	cāochǎng	n.	спортивная площадка

五 注释 Zhùshì Комментарии

有 Глагол «有» «есть, иметься, существовать»

"有"表示某处存在某人或某物。

Глагол «有» указывает на существование объекта в каком-то месте.

方位词 / 处所词语 + 有 + 名词（表示存在的人或物）。例如：

Глагол «有», кроме значения обладания, может обозначать наличие, существование. Конструкция с «有» такова: именное словосочетание, обозначающее направление или место + «有» + существительное, на наличие которого указывает «有».

（1）学校里边有一个银行。

（2）银行旁边有一个超市。

（3）超市里边有很多人。

六 练习 Liànxí　Упражнения

1. 熟读下列词语并造句　Запомните следующие слова и составьте предложения

（1）超市里面有 ＿＿＿＿＿＿。

很多人
很多东西
很多衣服
很多水果

（2）学校里有 ＿＿＿＿＿＿。

很多学生
四座教学楼
三个操场
很多学生宿舍

2. 按照实际情况回答问题　Ответьте на вопросы

（1）你们学校里有什么？

（2）图书馆的南边有什么？

（3）图书馆的北边有什么？

（4）图书馆的东边有什么？

（5）图书馆的西边有什么？

（6）超市里面有什么？

3. 用下列词语造句　Составьте предложения, употребляя следующие слова и словосочетания

（1）东边　教学楼
_____

（2）南边　花园
_____

（3）西边　操场
_____

（4）北边　学生宿舍
_____

（5）超市　东西
_____

4. 完成对话　Дополните диалог

A：张华，你去哪儿？

B：我想去银行。你知道_____吗？

A：_____。

B：远吗？

A：_____。你可以坐公交车去。

B：坐几路公交车？

A：_____ 路。

B：谢谢！再见！

A：_____。再见！

5. 说话练习　Развитие речи

介绍一下儿你们学校。Немного о вашей школе/университете.

提示：你们学校叫什么名字，在哪儿，有多大，学校里有什么，分别在哪儿。

Как называется ваша школа? Где она находится? Большая ли эта школа? Какие здания в этой школе? Где они находятся?

6. 小游戏　Учебная игра: «Угадай на слово»

猜词游戏：老师在黑板上画简笔画，边画边让学生猜老师画的是什么，猜得最快最多的学生获胜。也可以用在课件中遮盖图片、慢慢放出、边放边猜的方法来做。

Преподаватель рисует на доске простой рисунок, ученики на скорость должны отгадать, что нарисовал преподаватель, и назвать китайское слово. Побеждает тот, кто быстрее всех отгадал рисунок. Также можно воспользоваться учебником: нужно выбрать любую картинку и закрыть ее (например, ладонью), а затем медленно открывать, показывая классу. Ученики должны на скорость отгадать, что изображено на картинке и назвать китайское слово.

Zhè shì nǐ de shū ma
这是你的书吗

Это твоя книга?

一 对话 Duìhuà Диалог

Yóulìyà: Yùlán, zhè shì nǐ de yǔfǎshū ma?
尤利娅： 玉兰，这是你的语法书吗？

Dīng Yùlán: Bú shì, shì Nígǔlā de.
丁玉兰： 不是，是尼古拉的。

Yóulìyà: Nǐ de yǔfǎshū zài nǎr?
尤利娅： 你的语法书在哪儿？

Dīng Yùlán: Wǒ de yǔfǎshū bèi Wáng Míng jièqu le.
丁玉兰： 我的语法书被王明借去了。

Yóulìyà: Nígǔlā, wǒ kěyǐ jiè nǐ de yǔfǎshū kàn yíxiàr ma?
尤利娅： 尼古拉，我可以借你的语法书看一下儿吗？

Nígǔlā: Dāngrán kěyǐ.
尼古拉： 当然可以。

Yóulìyà: Xièxie!
尤利娅： 谢谢！

Nígǔlā: Bú kèqi.
尼古拉： 不客气。

89

_{Yóulìyà:} Wǒ míngtiān huángěi nǐ.
尤利娅： 我 明天 还给 你。

_{Nígǔlā:} Hǎo de.
尼古拉： 好 的。

二 句子 Jùzi　Речевые образцы

Nàge chídào de xuéshēng bèi lǎoshī pīpíng le.
1. 那个迟到的 学生 被老师批评了。

Nà běn shū bèi Yóulìyà jièqu le.
2. 那本书 被尤利娅借去了。

Nàge bēizi bèi Wáng Míng dǎsuì le.
3. 那个杯子被 王 明 打碎了。

三 短文 Duǎnwén　Текст

Nǐ xǐhuan kàn shū ma? Wǒ hěn xǐhuan kàn shū. Wǒ jīngcháng qù túshūguǎn
你喜欢 看 书 吗？我 很 喜欢 看 书。我 经常 去 图书馆

jiè shū. Wǒ xǐhuan kàn Hànyǔ yǔyīn、yǔfǎ de shū, hái xǐhuan kàn Zhōngguó
借 书。我 喜欢 看 汉语 语音、语法 的 书，还 喜欢 看 中国

wénhuà de shū, hěn duō Zhōngguó wénhuà de shū bèi tóngxuémen jièzǒu le.
文化 的 书，很 多 中国 文化 的 书 被 同学们 借走 了。

第 9 课　这是你的书吗
Урок 9　Это твоя книга?

Zhōngguó hěn piàoliang, yǒu hěn duō hǎowánr de dìfang. Wǒ xiǎng xuéhǎo Hànyǔ,
中国　很　漂亮，有 很 多　好玩儿的地方。我　想　学好　汉语，

dào Zhōngguó liú xué, huílai yǐhòu dāng yí ge Hànyǔ lǎoshī.
到　　中国　留学，回来 以后　当　一个　汉语老师。

四　生词表 Shēngcíbiǎo　Новые слова

1.	这	zhè	*pron.*	это
2.	书	shū	*n.*	книга
3.	语法	yǔfǎ	*n.*	грамматика
4.	被	bèi	*prep.*	показатель пассива
5.	借	jiè	*v.*	брать взаймы
6.	一下儿	yíxiàr	*q.*	вдруг, сразу
7.	当然	dāngrán	*adv.*	конечно
8.	还	huán	*v.*	возвращать
9.	给	gěi	*prep.*	указывает на косвенное дополнение: для
10.	迟到	chídào	*v.*	опаздывать
11.	批评	pīpíng	*v.*	критиковать, упрекать, делать замечания
12.	杯子	bēizi	*n.*	стакан, чашка
13.	打	dǎ	*v.*	бить, ударять
14.	碎	suì	*v.*	битый, раздробленный

15.	喜欢	xǐhuan	v.	любить, нравиться
16.	汉语	Hànyǔ	n.	китайский язык
17.	语音	yǔyīn	n.	фонетика
18.	文化	wénhuà	n.	культура
19.	好玩儿	hǎowánr	adj.	интересный, занимательный
20.	地方	dìfang	n.	место
21.	学	xué	v.	учиться
22.	留学	liú xué		учиться за границей
23.	回来	huí lai		возвращаться
24.	以后	yǐhòu	n.	в будущем
25.	当	dāng	v.	быть (кем), работать (кем), стать

五 注释 Zhùshì Комментарии

1. 被动句 Предложение со значением пассива

用介词"被"引出动作的施动者构成被动句。这种句子多含有不如意的意思。例如：那个杯子被王明打碎了。"被"的宾语有时可笼统表示，不引出施动者。例如：

Предлог «被» является формальным показателем предложения со значением пассива. Существительное, следующее за предлогом «被»,

является субъектом действия. В предложении с «被» часто выражается такой оттенок, что результат действия нежелателен, например:

那个杯子被王明打碎了。

Субъект действия можно опустить, например:

那个杯子被打碎了。

介词"让""叫"引出动作的施动者（不可省略），也可构成被动句，常用于非正式场合的口语中，例如：

При помощи предлогом «让» и «叫» тоже образуется предложение со значением пассива. В таком предложении субъект действия НЕЛЬЗЯ опустить. «让» и «叫» обычно употребляются в неформальной устной речи, например:

那本书让尤利娅借走了。

意义上的被动。没有"被""让""叫"等介词标志，但实际意义是被动的。这种形式的被动句在汉语口语中大量存在。例如：

Пассив без формальных показателей и субъекта действия. Такие предложения широко употребляются в разговорной речи, например:

（1）杯子打碎了。

（2）衣服洗干净了。

2. 一下儿　«Разок, сразу»

一次，一般表示时间很短暂。例如：

«一下（儿）» «разок, сразу» указывает на кратковременность действия, например:

（1）看了一下儿那本书。

（2）请读一下儿课文。

六 练习 Liànxí Упражнения

1. 熟读下列词语并造句　Запомните следующие слова и составьте предложения

（1）＿＿＿＿＿＿ 在哪儿？

语法书
手机
包
杯子

（2）去 ＿＿＿＿＿＿ 留学。

中国
白俄罗斯
美国
英国

2. 按照实际情况回答问题　Ответьте на вопросы

（1）你的手机在哪儿？

（2）你的语法书在哪儿？

（3）你的包在哪儿？

（4）你的教室在哪儿？

第 9 课　这是你的书吗
Урок 9　Это твоя книга?

（5）你的妈妈在哪儿?

（6）你的宿舍在哪儿?

3. 用下列词语造句　Оставьте предложения, употребляя следующие слова и словосочетания

（1）语法书　借

＿＿＿＿＿＿＿＿＿＿＿＿＿＿＿＿

（2）看　一下儿

＿＿＿＿＿＿＿＿＿＿＿＿＿＿＿＿

（3）喜欢　中国

＿＿＿＿＿＿＿＿＿＿＿＿＿＿＿＿

（4）地方　好玩儿

＿＿＿＿＿＿＿＿＿＿＿＿＿＿＿＿

（5）去　留学

＿＿＿＿＿＿＿＿＿＿＿＿＿＿＿＿

4. 完成对话　Дополните диалог

A：玉兰，这是你的＿＿＿＿＿＿吗?
B：不是，是尼古拉的。
A：你的＿＿＿＿＿＿在哪儿?
B：我的＿＿＿被＿＿＿借去了。
A：尼古拉，我可以借你的＿＿＿看＿＿＿吗?

C：_____。

A：谢谢!

C：_____。

A：我明天 _____ 你。

C：好的。

5. 说话练习 Развитие речи

说一说你喜欢的人/东西/地方。Немного о вашем любимом человеке/ вещи/ месте.

提示：你喜欢的人/东西/地方在哪儿？是什么样的？为什么喜欢？

Где живет ваш любимый человек? Кто он? Какой он человек? Почему он вам нравится?

6. 小游戏 Учебная игра «Исправь иероглиф»

改错字游戏：把全班分为几组，老师在黑板上写出几组汉字，每组5个，每个汉字少一笔或多一笔，让几组同学改正，改得最快最准确的组获胜。

Класс делится на несколько групп. Преподаватель пишет на доске несколько групп иероглифов (в соответствии с количеством групп в классе). В каждой группе по 5 иероглифов, в каждом иероглифе пропущена одна или больше черт. Группы учеников должны на скорость дописать недостающие черты, побеждает та группа, которая сделает это быстрее всех.

Dì-shí kè / 第 10 课 / Урок 10

Nǐ xǐhuan chī shénme
你喜欢吃什么
Что ты любишь есть

一 对话 Duìhuà Диалог

Wáng Míng: Yóulìyà, nǐ xǐhuan chī shénme?
王明： 尤利娅，你喜欢吃什么？

Yóulìyà: Wǒ xǐhuan chī miànbāo hé dàngāo. Nǐ ne?
尤利娅： 我喜欢吃面包和蛋糕。你呢？

Wáng Míng: Wǒ zài Zhōngguó xǐhuan chī shuǐjiǎo, miàntiáor, mǐfàn, zài zhèr
王明： 我在中国喜欢吃水饺、面条儿、米饭，在这儿

wǒ xǐhuan chī tǔdòubǐng.
我喜欢吃土豆饼。

Yóulìyà: Nǐ xǐhuan chī shuǐguǒ ma?
尤利娅： 你喜欢吃水果吗？

Wáng Míng: Dāngrán. Wǒ zuì xǐhuan chī píngguǒ hé cǎoméi. Nǐ ne?
王明： 当然。我最喜欢吃苹果和草莓。你呢？

Yóulìyà: Wǒ zuì xǐhuan chī júzi hé xiāngjiāo.
尤利娅： 我最喜欢吃橘子和香蕉。

Wáng Míng: Nǐ xǐhuan chī liúlián ma?
王明： 你喜欢吃榴梿吗？

Yóulìyà: Bù xǐhuan. Wǒ bù xǐhuan liúlián de wèidào.
尤利娅： 不喜欢。我不喜欢榴梿的味道。

97

二 句子 Jùzi   Речевые образцы

1. Yóulìyà bù xǐhuan chī liúlián.
   尤利娅不喜欢吃榴梿。

2. Wǒ bù zhīdao Wáng Míng zài nǎli.
   我不知道王明在哪里。

3. Wǒ méiyǒu Hànyǔ yǔfǎshū.
   我没有汉语语法书。

4. Wǒ zuótiān méi qù túshūguǎn.
   我昨天没去图书馆。

三 短文 Duǎnwén   Текст

Wǒ jiào Wáng Míng, wǒ shì Zhōngguórén. Wǒ xǐhuan chī shuǐjiǎo、miàntiáor
我叫王明，我是中国人。我喜欢吃水饺、面条儿

hé mǐfàn. Zài Bái'éluósī, wǒ xǐhuan chī tǔdòubǐng. Wǒ hái xǐhuan chī shuǐguǒ,
和米饭。在白俄罗斯，我喜欢吃土豆饼。我还喜欢吃水果，

bǐrú xīguā、mùguā、mángguǒ děng. Wǒ zuì xǐhuan chī de shuǐguǒ shì píngguǒ hé
比如西瓜、木瓜、芒果等。我最喜欢吃的水果是苹果和

cǎoméi. Wǒ de péngyou Yóulìyà xǐhuan chī miànbāo hé dàngāo. Tā zuì xǐhuan chī
草莓。我的朋友尤利娅喜欢吃面包和蛋糕。她最喜欢吃

júzi hé xiāngjiāo, bù xǐhuan chī liúlián, tā bù xǐhuan liúlián de wèidào.
橘子和香蕉，不喜欢吃榴梿，她不喜欢榴梿的味道。

第 10 课　你喜欢吃什么
Урок 10　Что ты любишь есть

四　生词表 Shēngcíbiǎo　Новые слова

1.	面包	miànbāo	n.	хлеб
2.	蛋糕	dàngāo	n.	торт, кейк
3.	水饺	shuǐjiǎo	n.	вареные пельмени
4.	面条儿	miàntiáor	n.	лапша, вермишель
5.	米饭	mǐfàn	n.	рис
6.	这儿	zhèr	pron.	здесь
7.	土豆饼	tǔdòubǐng	n.	картофельные котлеты
8.	水果	shuǐguǒ	n.	фрукты
9.	最	zuì	adv.	самый, наиболее
10.	苹果	píngguǒ	n.	яблоко
11.	草莓	cǎoméi	n.	клубника, земляника
12.	橘子	júzi	n.	мандарин
13.	香蕉	xiāngjiāo	n.	банан
14.	榴梿	liúlián	n.	дуриан
15.	味道	wèidào	n.	вкус, запах
16.	比如	bǐrú	v.	например
17.	西瓜	xīguā	n.	арбуз
18.	木瓜	mùguā	n.	папайя
19.	芒果	mángguǒ	n.	манго
20.	等	děng	aux.	и так далее
21.	还	hái	adv.	еще

五 注释 Zhùshì Комментарии

1. "不"和"没（有）" Отрицания «不» и «没»

"不"用在动词、形容词和其他副词前表示否定。"没（有）"表示"已然"的否定；表示对"曾经"的否定。

Отрицание «不» ставится перед глаголом, прилагательным или другим наречением. Отрицание «没（有）» употребляется для отрицания действия в прошлом.

用法对比：Сравните：

"不"和"没（有）"都是否定副词，都可以用在动词、形容词或其他副词前边作状语，"不"主要否定判断、意愿、打算、态度、规律、能力、事实、性质、状态等非过程时态；而"没（有）"则主要否定过程时态，即对事物存在、状态出现和存在、动作行为发生、进行和完成等的否定。"不"可以用于过去、现在和将来，"没（有）"只能用于过去和现在，不能用于将来。"不"可以用于所有的助动词前面，"没（有）"只能用在"能、能够、要、肯、敢"等少数几个助动词前。例如：

«不» и «没（有）» - наречия-отрицания, которые ставятся перед глаголом, прилагательным или другим наречением в качестве обстоятельства.

«不» употребляется для отрицания непроцессуального действия или состояния, например, суждения, выражения воли, намерения, отношения, способности, подтверждения фактов, свойств или состояния, а «没（有）» - для отрицания процессуальное действия, например, существования и появления, происшествие события или окончания действия.

«不» употребляется во всех временах, а «没（有）» - только в прошедшем и настоящем.

«不» сочетается со всеми служебными глаголами, а «没（有）» - только с некоторыми из них, например, «能, 能够, 要, 肯, 敢» и т. д. Например:

（1）我明年不去美国。

（2）我现在不去图书馆。

（3）我昨天没来上课。

2. 还 «Еще, все еще»

"还"表示增加或补充。例如：

Наречие «还» «еще, все еще» имеет значение добавлнения или прибавления. Например:

我喜欢吃苹果，还喜欢吃草莓。

六 练习 Liànxí Упражнения

1. 熟读下列词语并造句 Запомните следующие слова и составьте предложения

（1）喜欢吃 _____ 。

苹果
草莓
西瓜
橘子

（2）不喜欢吃 _____ 。

榴梿
芒果
香蕉
木瓜

（3）昨天没 _____ 。

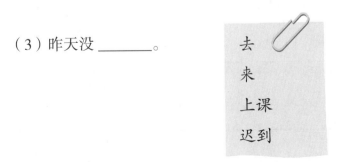

去
来
上课
迟到

2. 按照实际情况回答问题 Ответьте на вопросы

（1）你喜欢吃苹果吗?

（2）你们昨天上课了吗?

（3）你今天迟到了吗?

（4）你明天去图书馆吗?

（5）你去过中国吗?

（6）你吃土豆饼吗?

3. 用下列词语造句 Составьте предложения, употребляя следующие слова

（1）吃　水饺

_____

（2）西瓜　还　草莓

_____

（3）最　苹果

_____

（4）没　上课

_____

（5）比如　等

_____

第 10 课　你喜欢吃什么
Урок 10　Что ты любишь есть

4. 完成对话　Дополните диалог

A：你喜欢吃什么？

B：我喜欢吃＿＿＿＿＿＿＿＿＿＿。你呢？

A：我喜欢吃＿＿＿＿＿＿＿＿＿＿。

B：你喜欢吃＿＿＿＿＿＿＿＿＿＿吗？

A：＿＿＿＿＿＿＿＿＿＿。我最喜欢吃＿＿＿＿＿＿＿＿。你呢？

B：我最喜欢＿＿＿＿＿＿＿＿＿＿。

A：你喜欢吃榴梿吗？

B：＿＿＿＿＿＿＿＿＿＿。

5. 说话练习　Развитие речи

说一说你最喜欢吃的东西。Расскажите о вашей любимой пищи.

提示：你最喜欢吃的食物是什么？你最喜欢吃的水果是什么？

Какая у вас любимая еда? Какие ваши любимые фрукты?

6. 小游戏　Учебная игра «Собери предложения»

连词成句：老师把一个完整的句子分词写在不同的卡片上，让学生排列出完整的句子。也可以把一个完整的句子分词打散，写在黑板上，让学生排列出完整的句子。如："水果，喜欢，最，什么，是，吃的，你"可以排成"你最喜欢吃的水果是什么"，也可以排成"什么是你最喜欢吃的水果"。

Преподаватель должен составить любое предложение на китайском языке и написать его по одному иероглифу на каждой карточке, а затем перетасовать их, не показывая классу. Ученик должен составить из карточек полное предложение в правильном порядке. Также можно использовать доску: нужно написать иероглифы из предложения в случайном порядке, а ученик должен собрать из них предложение. Пример: «水果，喜欢，最，什么，是，吃的，你», учащийся должен составить предложение «你最喜欢吃的水果是什么», либо «什么是你最喜欢吃的水果».

Nà jiàn yīfu duōshao qián
那件衣服多少钱

Сколько стоит эта одежда

一 对话 Duìhuà Диалоги

（一）

Shòuhuòyuán: Nín mǎidiǎnr shénme?
售货员： 您买点儿什么？

Dīng Yùlán: Wǒ xiǎng mǎi yí jiàn yīfu.
丁玉兰： 我想买一件衣服。

Shòuhuòyuán: Shàngyī、kùzi háishi qúnzi?
售货员： 上衣、裤子还是裙子？

Dīng Yùlán: Qúnzi. Nà jiàn hóngsè de qúnzi duōshao qián?
丁玉兰： 裙子。那件红色的裙子多少钱？

Shòuhuòyuán: Bāshí lúbù.
售货员： 80 卢布。

Dīng Yùlán: Nà jiàn báisè de ne?
丁玉兰： 那件白色的呢？

Shòuhuòyuán: Liùshí lúbù.
售货员： 60 卢布。

Dīng Yùlán: Hǎo de. Wǒ mǎi báisè de nà jiàn.
丁玉兰： 好的。我买白色的那件。

（二）

Shòuhuòyuán: Nín yàodiǎnr shénme?
售货员：您要点儿什么？

Wáng Míng: Wǒ xiǎng mǎidiǎnr shuǐguǒ. Píngguǒ duōshao qián yì jīn?
王明：我想买点儿水果。苹果多少钱一斤？

Shòuhuòyuán: Liù kuài bā.
售货员：6块8。

Wáng Míng: Tài guì le. Piányi diǎnr kěyǐ ma?
王明：太贵了。便宜点儿可以吗？

Shòuhuòyuán: Nín yào duōshao?
售货员：您要多少？

Wáng Míng: Wǔ jīn.
王明：5斤。

Shòuhuòyuán: Liù kuài wǔ.
售货员：6块5。

Wáng Míng: Liù kuài qián ba.
王明：6块钱吧。

Shòuhuòyuán: Bù xíng, tài shǎo le. Liù kuài sān ba.
售货员：不行，太少了。6块3吧。

Wáng Míng: Hǎo ba, mǎi wǔ jīn. Gěi nín qián.
王明：好吧，买5斤。给您钱。

Shòuhuòyuán: Wǔshí kuài, zhǎo nín shíbā kuài wǔ. Xièxie! Huānyíng zài lái.
售货员：50块，找您18块5。谢谢！欢迎再来。

Wáng Míng: hǎo de.
王明：好的。

二 句子 Jùzi Речевые образцы

1. Wǒ de shǒujī hěn piányi.
   我的手机很便宜。

2. Dīng Yùlán mǎi le yí jiàn hěn piàoliang de qúnzi.
   丁玉兰买了一件很漂亮的裙子。

3. Zhuōzi shang de shū shì shuí de?
   桌子上的书是谁的?

三 短文 Duǎnwén Текст

Shàng ge xīngqītiān, wǒ hé Yóulìyà zuò gōngjiāochē qù le yì jiā hěn dà de shāngchǎng. Shāngchǎng li yǒu hěn duō yīfu、shípǐn hé qítā yòngpǐn. Wǒ huā le liùshí lúbù mǎi le yí jiàn báisè de qúnzi, Yóulìyà mǎi le hěn duō hàochī de shuǐguǒ hé shípǐn. Shāngchǎng li de dōngxi hěn piányi, shòuhuòyuán yě hěn yǒuhǎo.

上个星期天,我和尤利娅坐公交车去了一家很大的商场。商场里有很多衣服、食品和其他用品。我花了60卢布买了一件白色的裙子,尤利娅买了很多好吃的水果和食品。商场里的东西很便宜,售货员也很友好。

第 11 课　那件衣服多少钱
Урок 11　Сколько стоит эта одежда

四　生词表 Shēngcíbiǎo　**Новые слова**

№				
1.	件	jiàn	mw.	*счётное слов*: штука
2.	衣服	yīfu	n.	одежда
3.	多少	duōshao	pron.	сколько
4.	钱	qián	n.	деньги
5.	售货员	shòuhuòyuán	n.	продавец
6.	点儿	diǎnr	mw.	точка, пятнышко
7.	上衣	shàngyī	n.	верхняя одежда
8.	裤子	kùzi	n.	брюки
9.	裙子	qúnzi	n.	юбка, платье
10.	红色	hóngsè	n.	красный цвет
11.	卢布	lúbù	n.	рубль
12.	白色	báisè	n.	белый цвет
13.	要	yào	v.	хотеть, желать
14.	斤	jīn	mw.	цзинь
15.	块	kuài (元 yuán)	mw.	юань
16.	贵	guì	adj.	дорогой, ценный
17.	便宜	piányi	adj.	дешевый
18.	给	gěi	v.	давать
19.	找	zhǎo	v.	искать

20. 欢迎	huānyíng	v.	приветствовать
21. 再	zài	adv.	снова, еще раз
22. 桌子	zhuōzi	n.	стол
23. 家	jiā	mw.	семья, дом
24. 商场	shāngchǎng	n.	магазин
25. 食品	shípǐn	n.	продукты
26. 其他	qítā	pron.	другой, остальной
27. 用品	yòngpǐn	n.	предмет обихода
28. 友好	yǒuhǎo	adj.	дружественный, дружный

五 注释 Zhùshì Комментарии

1. 助词 "的"   Служебное слово «的»

"的" 用在词或词组后表示限定性成分。例如：

Служебное слово «的» ставится после определением со значением свойства, местонахожедения, времени и т. д., например:

（1）漂亮的手机

（2）桌子上的书

"的" 表示所属关系。例如：

Служебное слово «的» ставится после определением со значением притяжательности, например:

（1）他的衣服

（2）我的包

2. 汉语钱的表达法
Выражение значения «деньги» в китайском языке

汉语中钱的单位共有三个：元、角、分，口语中常用：块、毛、分。1元 =10 角 =100 分。例如：16 块 9 毛 6 分。口语中"毛"后面没有尾数时，"毛"常常省略，有尾数时，"分"常常省略。例如：18 块 9、39 块 8 毛 6。

Денежные единицы Китая: 元 (yuán), 角 (jiǎo), 分 (fēn). В разговорной речи часто употребляются 块 (kuài), 毛 (máo) и 分 (fēn).

元 yuán (общеупотребляемое) = 块 kuài (в разговорной речи)
角 jiǎo (общеупотребляемое) = 毛 máo (в разговорной речи)
1 元 =10 角 =100 分. Например: 16 块 9 毛 6 分.

В разговорной речи «毛» и «分», ставящиеся в конце словосочетания, можно опустить, например: 18 块 9（毛）. 39 块 8 毛 6（分）.

六 练习 Liànxí Упражнения

1. 熟读下列词语并造句 Запомните следующие слова и составьте предложения

（1）买一件 _____。

上衣
裤子
裙子
毛衣

（2）去了一家 _____。

超市
商场
医院
工厂

2. 按照实际情况回答问题　Ответьте на вопросы

（1）你的上衣多少钱？

（2）你的裤子多少钱？

（3）你的手机多少钱？

（4）你的汉语书多少钱？

（5）你的包多少钱？

（6）你的裙子多少钱？

3. 用下列词语造句　Составьте предложения, употребляя следующие слова

（1）想　买

　　_____

（2）裙子　钱

　　_____

（3）您　要

　　_____

（4）苹果　贵

　　_____

（5）便宜　可以

　　_____

第 11 课　那件衣服多少钱
Урок 11　Сколько стоит эта одежда

4. 完成对话　Дополните диалог

A：您买点儿什么？

B：我想＿＿＿＿＿＿。

A：上衣、裤子还是裙子？

B：＿＿＿＿＿＿。那件＿＿＿＿＿＿多少钱？

A：＿＿＿＿＿＿。

B：那件＿＿＿＿＿＿呢？

A：＿＿＿＿＿＿。

B：好的。我买＿＿＿＿＿＿那件。

5. 说话练习　Развитие речи

说一说你买东西的经历。О том, как вы делали покупки.

提示：你去哪里买了东西，买了什么，买了什么颜色的，多少钱，你有没有讲价。

Где вы были? Что вы купили? Какого цвета? Сколько стоил товар? Вы не торговались с продавцом?

6. 小游戏　Учебная игра «Передай другому»

击鼓传花游戏：老师准备一些词语卡片，学生围成一圈，把词语卡片作为"花"，击掌或轻拍桌子作为"击鼓"，把"花"依次传下去，老师喊"停"，卡片在谁的手里，谁就要用卡片上的词语造一个句子。

Преподаватель готовит карточки со словами, ученики встают в круг, один из учеников берет в руки любую карточку. Ученики должны по очереди передавать карточку, пока преподаватель хлопает в ладоши. Передача карточки останавливается по команде преподавателя «стоп». Тот, у кого после остановки окажется карточка в руках, должен придумать предложение со словом на карточке.

Zhù nǐ Chūn Jié kuàilè
祝你春节快乐

С праздником Весны

一 对话 Duìhuà Диалог

Yóulìyà: Míngtiān shì èryuè shíliù hào, shì wǒ de shēngrì, qǐng nǐ lái wǒ jiā
尤利娅：明天是2月16号，是我的生日，请你来我家

cānjiā shēngrì jùhuì hǎo ma?
参加生日聚会好吗？

Dīng Yùlán: Zhù nǐ shēngrì kuàilè! Míngtiān wǒ yídìng qù. Zhēn qiǎo, míngtiān
丁玉兰：祝你生日快乐！明天我一定去。真巧，明天

shì Zhōngguó de Chūn Jié.
是中国的春节。

Yóulìyà: Chūn Jié? Shénme shì Chūn Jié?
尤利娅：春节？什么是春节？

Dīng Yùlán: Chūn Jié shì wǒmen de nónglì xīnnián, shì Zhōngguó zuì dà de
丁玉兰：春节是我们的农历新年，是中国最大的

chuántǒng jiérì.
传统节日。

Yóulìyà: Nǐmen zěnme guò Chūn Jié?
尤利娅：你们怎么过春节？

第 12 课　祝你春节快乐

Урок 12　С праздником Весны

Dīng Yùlán:　Jīntiān shì Chúxī,　wǒmen huì tiē chūnlián、fàng biānpào, wǎnshang
丁玉兰：　　今天 是 除夕，我们 会 贴 春联、放 鞭炮，晚上

　　　　　quánjiārén zài yìqǐ chī tuányuánfàn.
　　　　　全家人 在一起 吃 团圆饭。

Yóulìyà:　Zhēn rènao!
尤利娅：　真 热闹！

Dīng Yùlán:　Shì a.　Míngtiān Chūn Jié,　wǒmen huì chī shuǐjiǎo, hùxiāng bài nián,
丁玉兰：　　是 啊。 明天 春 节，我们 会 吃 水饺，互相 拜年，

　　　　　zhù jiārén hé péngyou xìngfú píng'ān.
　　　　　祝 家人和 朋友 幸福平安。

Yóulìyà:　Zhēn hǎo! Zhù nǐ Chūn Jié kuàilè!
尤利娅：　真 好！祝你春 节 快乐！

Dīng Yùlán:　Xièxie!　Zài cì zhù nǐ shēngrì kuàilè!
丁玉兰：　　谢谢！ 再次祝你 生日 快乐！

二　句子 Jùzi　Речевые образцы

　　　Nǐ zài Bái'éluósī Guólì Tǐyù Dàxué dú shū ma?
1. 你在白俄罗斯国立体育大学读书 吗？

　　　Zhè jiàn hóngsè de qúnzi duōshao qián?
2. 这 件 红色的裙子 多少 钱？

　　　Nǐ xǐhuan chī jiǎozi háishi tǔdòubǐng?
3. 你喜欢 吃饺子还是土豆饼？

　　　Zhè shì bu shì nǐ de shǒujī?
4. 这 是 不是 你的手机？

113

三 短文 Duǎnwén Текст

Nǐ zhīdao Zhōngguó de Chūn Jié ma? Chūn Jié shì Zhōngguó zuì dà de
你知道中国的春节吗？春节是中国最大的
chuántǒng jiérì, guò Chūn Jié de shíhou hěn rènao. Chúxī de shíhou, jiājiā tiē
传统节日，过春节的时候很热闹。除夕的时候，家家贴
chūnlián, fàng biānpào, quánjiā zài yìqǐ chī tuányuánfàn. Chūn Jié zǎoshang, dàjiā
春联，放鞭炮，全家在一起吃团圆饭。春节早上，大家
hùxiāng bài nián, zhù jiārén hé péngyou xìngfú píng'ān.
互相拜年，祝家人和朋友幸福平安。

四 生词表 Shēngcíbiǎo Новые слова

1. 祝	zhù	v.	поздравлять
2. 快乐	kuàilè	adj.	веселый, радостный
3. 参加	cānjiā	v.	участвовать
4. 聚会	jùhuì	n.	собираться, встречаться
5. 一定	yídìng	adv.	обязательно
6. 巧	qiǎo	adj.	здесь: как раз кстати
7. 农历	nónglì	n.	китайский лунный календарь
8. 新年	xīnnián	n.	Новый год

第 12 课　祝你春节快乐
Урок 12　С праздником Весны

9.	传统	chuántǒng	*adj.*	традиция
10.	节日	jiérì	*n.*	праздником
11.	怎么	zěnme	*pron.*	как
12.	会	huì	*v.*	*здесь*: собираться (что делать)
13.	贴	tiē	*v.*	приклеивать
14.	春联	chūnlián	*n.*	парные полосы красной бумаги с новогодними пожеланиями (*вывешиваются на дверях дома*)
15.	放	fàng	*v.*	пускать, отпускать, выпускать
16.	鞭炮	biānpào	*n.*	хлопушка
17.	全	quán	*adj.*	все
18.	团圆饭	tuányuánfàn	*n.*	семейный ужин
19.	热闹	rènao	*adj.*	оживленный
20.	互相	hùxiāng	*adv.*	друг друга
21.	拜年	bài nián		поздравлять с Новым годом
22.	家人	jiārén	*n.*	член семьи
23.	朋友	péngyou	*n.*	друг
24.	幸福	xìngfú	*adj.*	счастливый
25.	平安	píng'ān	*adj.*	благополучный
26.	次	cì	*mw.*	раз

专有名词 Zhuānyǒu míngcí   Имена собственные

1. 春节　　　　Chūn Jié　　　　Праздник Весны

2. 除夕　　　　Chúxī　　　　　Канун Нового года

五　注释 Zhùshì　**Комментарии**

汉语的疑问句　Вопросительные предложения

汉语疑问句可以分为四类：是非问句、特指问句、选择问句、正反问句。

Вопросительные предложения в китайском языке можно разделить на четыре категории: 是非问 (общие вопросы), 特指问 (специальные вопросы), 选择问 (альтернативные вопросы), 正反问 (противоположные вопросы).

1）是非问句（"吗"字问）

Общие вопросы (Вопросы с вопросительной частицей «吗»)

是非问句的句法结构像陈述句，即没有表示疑问的结构或代词，句末常带 "吗"。

В таких предложениях нет вопросительных местоимений или конструкций. Вопрос ставится при помощи частицы «吗» в конце предложения (иногда без «吗»).

回答是非问句，只能对整个命题作肯定或否定，用"是、对、嗯"或"不、没有"等作答复，或用点头、摇头回答。例如：

Ответ на такие вопросы является, например, «是, 对, 嗯» (если ответ – «да») или «不, 没有» (если ответ – «нет»). Можно ответить с помощью телодвижений, т. е. кивать головой или качать головой. Например:

你知道中国的春节吗？

2）特指问句　Специальные вопросы

用疑问代词（如"谁、什么、怎样"等）或由它组成的短语（如"为什么、什么事、做什么"等）来表明疑问点，说话者希望对方就疑问点作出答复，句子往往用升调。例如：

В таких предложениях вопрос ставится при помощи вопросительных местоимений или словосочетаний. Вопросительная частица обычно не употребляется. Такие вопросы обычно имеют восходящую интонацию. Например:

这是谁的书？

3）选择问句　Альтернативные вопросы

用复句的结构提出不止一种看法供对方选择，用"是、还是"连接分句。常用语气词"呢、啊"，不能用"吗"。例如：

Альтернативные вопросы — это вопросы, в которых возможны минимум два варианта ответа. В таких вопросах употребляется союз «是, 还是» и частицы «呢, 啊». Частица «吗» не употребляется.

你是喜欢吃苹果呢，还是喜欢吃草莓？

4）正反问句　Противоположные вопросы

由单句谓语中的肯定形式和否定形式并列的格式构成，又叫"反复问句"。常用的有三种疑问格式：V 不 V（来不来）；V 不（来不），省去后一谓词；还有一种是附加问，先说出一个陈述句，再后加"是不是、行不行、好不好"一类问话格式。正反问句常带语气词"呢、啊"等，不能用"吗"。例如：

Противоположные вопросы задаются, когда спрашивающий нуждается в уточнении или подтверждении имеющейся информации. Здесь существует три варианта: V不V (т. е. повтор глагола, например, «来不来»), V不 (т. е. глагол + отрицание, например, «来不») или прибавление «是不是, 行不行, 好不好» («…хорошо?») к концу повествовательного предложения. В таких вопросах употребляются частицы «呢, 啊». Частица «吗» не употребляется.

Например:

（1）明天你来不来？

（2）明天你来不？

（3）明天你来参加我的生日聚会，好不好？

六　练习 Liànxí　Упражнения

1. 熟读下列词语并造句　Запомните следующие слова и составьте предложения

（1）祝你_____快乐。

> 春节
> 生日
> 圣诞节
> 节日

（2）一起_____。

> 过春节
> 买东西
> 上课
> 去超市

2. 按照实际情况回答问题　Ответьте на вопросы

（1）你怎么过生日？

第 12 课　祝你春节快乐
Урок 12　С праздником Весны

（2）中国最大的传统节日是什么？

（3）你知道中国的春节吗？

（4）中国人怎么过春节？

（5）你们最大的传统节日是什么？

（6）你们怎么过最大的传统节日？

3. 用下列词语造句　Составьте предложения, употребляя следующие слова и словосочетания

（1）祝　快乐
　　_____

（2）春节　过
　　_____

（3）一起　联欢晚会
　　_____

（4）西瓜　还是　芒果
　　_____

（5）真　热闹
　　_____

4. 完成对话　Дополните диалог

A：明天是中国的春节。

B：_____？

A：春节是我们的农历新年，是中国_____。

B：你们怎么过春节？

A：今天是除夕，我们会_____，晚上全家人_____。

B：真_____！

A：是啊。明天春节，我们会_____，祝家人和朋友_____。

B：真好！祝你_____！

5. 说话练习　Развитие речи

说一说你们最大的传统节日。

О важнейшнем традиционном празднике в вашей стране.

提示：你们最大的传统节日是什么，怎么过，和谁一起过。

Как называется этот праздник? Как отмечается этот праздник? С кем вы отмечаете этот праздник?

6. 小游戏　Учебная игра «Случайные слова или предложения»

随意写汉字或句子游戏：让几个学生随意在黑板上写汉字，写出最多最正确的学生获胜。也可以让几个学生随意在黑板上写句子，写出最多最正确的学生获胜。

Несколько учеников встают у доски и пишут любые иероглифы. Побеждает тот, кто допустил меньше всего ошибок в написании. Вместо иероглифов также можно писать предложения.

复习题二
Задания для повторения (2)

一、给下列词语注上拼音　Транскрибируйте следующие слова

1. 哪儿 _____
2. 学生 _____
3. 知道 _____
4. 文化 _____
5. 面包 _____
6. 苹果 _____
7. 衣服 _____
8. 食品 _____
9. 春节 _____
10. 新年 _____

二、根据所给拼音写出词语　Запишите иероглифами следущие слова

1. shíjiān _____
2. dōngxi _____
3. shǒujī _____
4. xǐhuan _____
5. shuǐguǒ _____
6. xīguā _____
7. piányi _____
8. kuàilè _____
9. xìngfú _____
10. píng'ān _____

三、选词填空　Заполните пропуски подходящими словами

住　买　上　坐　吃

1. 我喜欢 _____ 水饺。
2. 尤利娅去超市 _____ 东西。
3. 尼古拉 _____ 网查资料。
4. 他 _____ 公交车去银行。
5. 丁玉兰 _____ 在学生宿舍。

件　斤　块　家　本

1. 我要买 5＿＿＿ 苹果。

2. 香蕉 3＿＿＿ 钱 1 斤。

3. 那 ＿＿＿ 书被尤利娅借去了。

4. 我们去了一 ＿＿＿ 很大的商场。

5. 丁玉兰买了一 ＿＿＿ 白色的衣服。

四、把括号里的词填入合适位置　Вставьте слова в скобках в подходящее место

1. A 有时间 B 我宿舍 C 来玩儿吧。（到）

2. A 我家 B 学校 C 很近。（离）

3. 你 A 知道 B 哪儿 C 银行吗？（有）

4. 那个 A 杯子 B 王明 C 打碎了。（被）

5. 我 A 喜欢吃 B 面包 C 蛋糕。（和）

6. 我 A 有 B 汉语语法书 C。（没）

7. 我 A 喜欢 B 吃的水果 C 是苹果和草莓。（最）

8. 我 A 想 B 买 C 那件白色的裙子。（不）

9. 那件 A 衣服 B 便宜 C。（很）

10. 全家 A 在 B 吃 C 团圆饭。（一起）

五、用所给词语组句　Составьте предложения

1. 住　宿舍　在　我　学生

＿＿＿＿＿＿＿＿＿＿＿＿＿＿＿＿＿＿

2. 家　七　有　口　我　人

＿＿＿＿＿＿＿＿＿＿＿＿＿＿＿＿＿＿

3. 可以　去　公交车　你　坐

＿＿＿＿＿＿＿＿＿＿＿＿＿＿＿＿＿＿

4. 我 看 喜欢 很 书
　　_____

5. 地方 中国 很多 有 好玩儿 的
　　_____

6. 不 我 的 喜欢 味道 榴梿
　　_____

7. 上衣 钱 红色 的 那件 多少
　　_____

8. 点儿 便宜 吗 可以
　　_____

9. 有 里 商场 衣服 很多
　　_____

10. 是 春节 节日 中国 的 传统 最大
　　_____

六、用所给词语造句　Составьте предложения, употребляя следующие слова

1. 有
　　_____

2. 经常
　　_____

3. 漂亮
　　_____

4. 什么
　　_____

5. 多少
　　_____

6. 便宜

_____

7. 友好

_____

8. 快乐

_____

9. 一定

_____

10. 一起

_____

七、完成对话　Дополните диалоги

（一）

尤利娅：玉兰，这是你的语法书吗？

丁玉兰：_____，是尼古拉的。

尤利娅：你的语法书在_____？

丁玉兰：我的语法书被王明借去了。

尤利娅：尼古拉，我可以借你的语法书看一下儿吗？

尼古拉：当然。

尤利娅：谢谢！

尼古拉：_____。

（二）

售货员：您要点儿什么？

尤利娅：我想买水果。苹果_____钱一斤？

售货员：8 块 5。

尤利娅：_____点儿可以吗？

售货员：8 块。

尤利娅：我买 5 斤。_____您钱。

售货员：谢谢！欢迎再来。

八、阅读对话，回答问题　Прочитайте диалоги и ответьте на вопросы

（一）

张　明：尤利娅，你去哪儿？

尤利娅：我想去银行。你知道哪儿有银行吗？

张　明：往前走，过三个十字路口，在路的右边。

尤利娅：远吗？

张　明：不太远。你可以坐公交车去。

尤利娅：坐几路公交车？

张　明：26 路。

尤利娅：谢谢！再见！

张　明：不客气。再见！

根据对话回答问题　Ответьте на вопросы по диалогу

1. 尤利娅想去哪儿？

2. 去银行怎么走？

3. 银行远吗？

4. 尤利娅可以怎么去？

5. 尤利娅可以坐几路公交车？

（二）

尤利娅：明天是2月16号，是我的生日。

丁玉兰：祝你生日快乐！

尤利娅：请你来我家参加生日聚会好吗？

丁玉兰：明天我一定去。真巧，明天是中国的春节。

尤利娅：春节？什么是春节？

丁玉兰：春节是我们的农历新年，是中国最大的传统节日。

尤利娅：祝你春节快乐！

根据对话回答问题　Ответьте на вопросы по диалогу

6. 尤利娅的生日是哪天？

7. 丁玉兰祝尤利娅什么？

8. 明天是中国的什么节日？

9. 中国最大的传统节日是什么？

10. 尤利娅祝丁玉兰什么？

Nǐ xǐhuan shénme yánsè
你喜欢什么颜色

Какой цвет тебе нравится

一 对话 Duìhuà Диалоги

（一）

Nígǔlā: Nǐ xǐhuan shénme yánsè?
尼古拉： 你喜欢什么颜色？

Yóulìyà: Wǒ xǐhuan lánsè, lánsè shì dàhǎi de yánsè. Nǐ ne?
尤利娅： 我喜欢蓝色，蓝色是大海的颜色。你呢？

Nígǔlā: Wǒ xǐhuan lǜsè.
尼古拉： 我喜欢绿色。

Yóulìyà: Wèi shénme?
尤利娅： 为什么？

Nígǔlā: Yīnwèi shùmù、cǎodì dōu shì lǜsè de. Zhāng Huá ne, nǐ xǐhuan
尼古拉： 因为树木、草地都是绿色的。张华呢，你喜欢

shénme yánsè?
什么颜色？

Zhāng Huá: Wǒ xǐhuan hóngsè hé chéngsè, zhè liǎng zhǒng yánsè dōu hěn míngliàng.
张 华： 我喜欢红色和橙色，这两种颜色都很明亮。

（二）

丁玉兰： Yóulìyà, nǐ kàn, nà jiàn bái máoyī zěnmeyàng?
丁玉兰： 尤利娅，你看，那件白毛衣怎么样？

尤利娅： Tǐng hǎokàn de. Búguò, bái de róngyì zāng. Yǒu bié de yánsè ma?
尤利娅： 挺好看的。不过，白的容易脏。有别的颜色吗？

丁玉兰： Yǒu, yǒu hēi de、lán de, hái yǒu huī de、huáng de. Nǐ xǐhuan
丁玉兰： 有，有黑的、蓝的，还有灰的、黄的。你喜欢

shénme yánsè de?
什么颜色的？

尤利娅： Wǒ xǐhuan qiǎn yánsè de.
尤利娅： 我喜欢浅颜色的。

丁玉兰： Zhè jiàn lán de zěnmeyàng?
丁玉兰： 这件蓝的怎么样？

尤利娅： Zhè jiàn yánsè yǒudiǎnr shēn.
尤利娅： 这件颜色有点儿深。

丁玉兰： Nà jiàn huáng de ne?
丁玉兰： 那件黄的呢？

尤利娅： Búcuò, tǐng piàoliang de, jiù mǎi tā ba.
尤利娅： 不错，挺漂亮的，就买它吧。

第 13 课　你喜欢什么颜色
Урок 13　Какой цвет тебе нравится

二　句子 Jùzi　Речевые образцы

1. Nǐ xǐhuan shénme yánsè?
   你喜欢 什么 颜色？

2. Wǒ xǐhuan lánsè.
   我 喜欢 蓝色。

3. Dàhǎi shì lánsè de.
   大海是蓝色的。

4. Lǜsè shì cǎodì de yánsè.
   绿色是草地的颜色。

5. Bái de róngyì zāng, zhè jiàn lán de zěnmeyàng?
   白的容易 脏，这件蓝的怎么样？

6. Zhè jiàn yánsè yǒudiǎnr shēn.
   这 件 颜色有点儿深。

三　短文 Duǎnwén　Текст

Wǒ māma cóng Bái'éluósī lái kàn wǒ le. Tā gěi wǒ dài le hěn duō hàochī
我 妈妈 从 白俄罗斯来看 我 了。她给我带了很多 好吃

de, hái dài le yìxiē yīfu.
的，还 带了一些衣服。

Tā gěi wǒ mǎi le yí jiàn huángsè de chènshān、yí jiàn lánsè de shàngyī hé yì
她给我买了一件 黄色 的 衬衫、一件 蓝色的 上衣 和一

tiáo hēisè de kùzi.
条 黑色的裤子。

Nà jiàn lán shàngyī shì wǒ zuì xǐhuan de, chènshān hé kùzi yě shì wǒ xiànzài
那件 蓝 上衣 是我最喜欢 的，衬衫 和裤子也是我 现在

xūyào de.
需要的。

Nàxiē chī de, wǒ yào dàigěi dàjiā cháng yi cháng. Māma lái le, wǒ hěn
那些 吃 的，我 要 带给 大家 尝 一 尝。 妈妈 来 了， 我 很

gāoxìng.
高兴。

四 生词表 Shēngcíbiǎo Новые слова

1.	颜色	yánsè	n.	цвет
2.	蓝色	lánsè	n.	синий цвет
3.	大海	dàhǎi	n.	море
4.	绿色	lǜsè	n.	зеленый цвет
5.	树木	shùmù	n.	дерево
6.	草地	cǎodì	n.	луг
7.	橙色	chéngsè	n.	оранжевый цвет
8.	种	zhǒng	mw.	вид
9.	明亮	míngliàng	adj.	светлый
10.	毛衣	máoyī	n.	свитер
11.	挺	tǐng	adv.	очень
12.	好看	hǎokàn	adj.	красивый

第 13 课　你喜欢什么颜色
Урок 13　Какой цвет тебе нравится

13.	容易	róngyì	*adj.*	легкий (в значении «нетрудный»)
14.	脏	zāng	*adj.*	грязный
15.	别的	bié de		другой, чужой
16.	灰	huī	*adj.*	серый
17.	浅	qiǎn	*adj.*	светлый (по отношению к цвету)
18.	深	shēn	*adj.*	темный (по отношению к цвету)
19.	有点儿	yǒudiǎnr	*adv.*	чуть-чуть, немного

词语扩展 Cíyǔ kuòzhǎn　Дополнительные слова

1.	颜色	yánsè	цвет
2.	绿色	lǜsè	зеленый цвет
3.	红色	hóngsè	красный цвет
4.	紫色	zǐsè	фиолетовый цвет
5.	粉色	fěnsè	розовый цвет
6.	咖啡色	kāfēisè	кофейный цвет
7.	浅蓝色	qiǎnlánsè	голубой цвет

五　注释 Zhùshì　Комментарии

1. "的"字词组　Контрукция со служебным словом «的»

"X+的"可以构成"的"字词组，"X"可以是名词（例1）、代词（例2）、动词（例3）或形容词（例4）等。"的"字词组的功能相当于一个名词。例如：

Контрукция со служебным словом «的» : "X+的". Здесь "X" может быть существительным (1), местоимениям (2), глаголом (3), прилагательным (4) и т. д. Такая конструкция может заменить существительное или именное словосочетание (например, в предложении 1 «英文的» = «英文的词典»). Например:

（1）这本词典是英文的。
（2）那辆自行车是我的。
（3）她买的便宜，我买的贵。
（4）玛丽的毛衣是红的。

2. 挺 + adj. «Довольно»

表示程度比较高，相当于"很"，常跟"的"一起使用。例如：

«挺» - наречие степени, выражающее высокую степень. По значению оно близко наречию «很». «挺» обычно употребляется вместе с «的» («挺……的»). Например:

（1）你的毛衣挺漂亮的。
（2）湛江的夏天挺热的。
（3）学生宿舍挺小的。

3. 有点儿 «Чуть, немного»

"有点儿"放在形容词前面，表示程度不高、稍微。多用于不如意的事情。例如：

«有点儿» ставится перед прилагательным и обозначает «немного, чуть-чуть». Такая конструкция часто имеет негативный оттенок.

（1）今天有点儿冷。
（2）那儿的东西有点儿贵。
（3）黑颜色的有点儿深。

第 13 课　你喜欢什么颜色

Урок 13　Какой цвет тебе нравится

六　练习 Liànxí　Упражнения

1. 看图造句　Составьте предложения по картинкам

A: 树木是什么颜色的？
B: 树木是绿色的。

树木

大海

草地

钱包

铅笔

雨伞

2. 替换练习　Замените подчеркнутые слова словами в рамках

（1）A：你喜欢什么颜色？
　　　B：我喜欢<u>绿色</u>。
　　　A：为什么？
　　　B：因为<u>绿色是草地的颜色</u>。

红色	红色很明亮
橙色	橙色很漂亮
蓝色	蓝色是天空的颜色

133

（2）A：那件白毛衣怎么样？

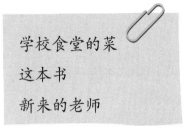

学校食堂的菜
这本书
新来的老师

B：挺好看的，不过，这件蓝的也很漂亮。

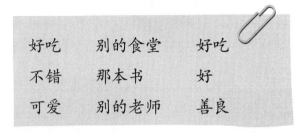

好吃　　别的食堂　　好吃
不错　　那本书　　　好
可爱　　别的老师　　善良

3. 选词填空　Заполните пропуски подходящими словами

　　红　蓝　绿　灰　挺　很　有点儿　不太

（1）天是＿＿＿的，草是＿＿＿的，花儿是＿＿＿的。

（2）那件红毛衣＿＿＿漂亮的。

（3）这个商店的东西＿＿＿贵，我们去别的商店吧。

（4）今天二十五度，＿＿＿热，＿＿＿舒服。

4. 按照实际情况回答问题　Ответьте на вопросы

（1）你喜欢什么颜色？为什么？

（2）你爸爸妈妈喜欢什么颜色？

第 13 课　你喜欢什么颜色
Урок 13　Какой цвет тебе нравится

（3）你的汉语老师喜欢什么颜色？

（4）你的朋友们喜欢什么颜色？

5. 读诗歌，并用自己的语言描述图片中的内容　Прочитайте стихотворение и расскажите о картинке

É, é, é,
鹅，鹅，鹅，

Qǔ xiàng xiàng tiān gē.
曲 项 向 天 歌。

Bái máo fú lǜ shuǐ,
白 毛 浮 绿 水，

Hóng zhǎng bō qīng bō.
红 掌 拨 清 波。

6. 小游戏　Учебная игра

老师准备三套卡片，一套是无字的颜色卡片，一套是用相应的颜色笔所写的汉字卡片，一套是普通的白底黑字卡片。

首先向学生展示颜色卡片，利用直观的视觉刺激和听觉刺激促使学生将颜色和读音进行匹配；然后展示用相应颜色笔所写的汉字卡片，例如用红色笔写的"红"字，用蓝色笔写的"蓝"字等；之后向学生展示普通的白底黑字卡片，让学生尝试读出卡片上的颜色词，教师换卡片的速度可以越来越快；最后老师将白底黑字卡片分给几个学生，让他们站在黑板前，其他学生随意念出一个颜色词，手持该颜色卡片的学生就将卡片举起来。手持卡片的学生再依次展示卡片，坐在下面的学生大声读出来。

Преподаватель готовит три комплекта карточек. Первый комплект – это карточки с цветами без иероглифов, второй – карточки с иероглифами, обозначающими цвета и раскрашенные в соответствующий им цвет, третий – карточки с черными иероглифами на белом фоне.

Сначала преподаватель показывает карточки с цветами и называет их по-китайски, чтобы стимулировать визуальное и аудиальное восприятие учеников. Затем, преподаватель показывает и называет карточки с иероглифами из второго комплекта, например, карточку с написанным красным цветом иероглифом «красный» или с написанным синим цветом иероглифом «синий». Далее, преподаватель показывает ученику обычные карточки с черными иероглифами на белом фоне, ученик должен называть слова цвета, написанные на этих карточках. Преподаватель должен постепенно ускорять смену карточку. В конце упражнения преподаватель раздает все черно-белые карточки нескольким ученикам, которые должны выйти к доске и встать лицом к классу. Остальные ученики должны по очереди называть слова, обозначающие цвет, а стоящие у доски должны поднимать карточку с названным словом. Во время того, как стоящий у доски поднимает карточку, весь класс должен повторить это слово.

Tā zhǎng shénme yàngzi
她长什么样子
Как она выглядит

一 对话 Duìhuà Диалоги

（一）

Dīng Yùlán: Jǐngchá xiānsheng, wǒ hé wǒ de péngyou zǒusàn le, máfan nǐmen
丁玉兰： 警察先生，我和我的朋友走散了，麻烦你们

zhǎo yíxiàr.
找一下儿。

Jǐngchá: Bié zháojí, tā jiào shénme míngzi, shì nǎ guó rén?
警察： 别着急，她叫什么名字，是哪国人？

Dīng Yùlán: Tā jiào Yóulìyà, shì Bái'éluósīrén. Tā gāng lái Zhōngguó bùjiǔ,
丁玉兰： 她叫尤利娅，是白俄罗斯人。她刚来中国不久，

Hànyǔ shuō de hái bú tài hǎo.
汉语说得还不太好。

Jǐngchá: Tā zhǎng shénme yàngzi? Duō dà niánjì?
警察： 她长什么样子？多大年纪？

Dīng Yùlán: Tā dàgài èrshí'èr-sān suì, huáng tóufa, lán yǎnjing, shòushòu de,
丁玉兰： 她大概二十二三岁，黄头发，蓝眼睛，瘦瘦的，

gèzi hěn gāo.
个子很高。

警察： Jǐngchá: Tā chuān shénme yīfu?
她 穿 什么 衣服？

丁玉兰： Dīng Yùlán: Tā chuānzhe yí jiàn bái chènshān, yì tiáo lán niúzǎikù, dàizhe yí fù hēisè de yǎnjìng.
她 穿着 一件 白 衬衫，一条 蓝牛仔裤，戴着一副 黑色的 眼镜。

警察： Jǐngchá: Nǐmen shì shénme shíhou zǒusàn de?
你们是 什么 时候 走散 的？

丁玉兰： Dīng Yùlán: Xiàwǔ wǔ diǎn zuǒyòu.
下午五点 左右。

警察： Jǐngchá: Bié zháojí, wǒmen yídìng bāng nǐ zhǎodào tā.
别 着急，我们 一定 帮 你 找到 她。

（二）

伊凡： Yīfán: Nǐ hǎo, wǒ xiǎng zhǎo Wáng lǎoshī.
你好，我 想 找 王 老师。

老师： Lǎoshī: Nǎ wèi Wáng lǎoshī? Zhèr yǒu liǎng wèi Wáng lǎoshī.
哪位 王 老师？这儿有 两 位 王 老师。

伊凡： Yīfán: Wǒ bù zhīdao tā jiào shénme míngzi. Tā shì nǚ de.
我不 知道她叫 什么 名字。她是女的。

老师： Lǎoshī: Zhèr de lǎoshī dōu shì nǚ de.
这儿的老师都 是 女的。

伊凡： Yīfán: Tā dàizhe yí fù yǎnjìng.
她 戴着 一副 眼镜。

老师： Lǎoshī: Zhèr měi wèi lǎoshī dōu dài yǎnjìng.
这儿每位 老师 都 戴 眼镜。

第 14 课　她长什么样子
Урок 14　Как она выглядит

Yīfán:　Tā shòushòu de, gāogāo de, chuān yì tiáo liányīqún.
伊凡:　她瘦瘦的，高高的，穿一条连衣裙。

Lǎoshī:　Tóufa chángcháng de, pífū báibái de?
老师:　头发长长的，皮肤白白的？

Yīfán:　Duì duì duì.
伊凡:　对对对。

Lǎoshī:　Nǐ yào zhǎo Wáng Yuè lǎoshī, tā gāng chūqu.
老师:　你要找王月老师，她刚出去。

Yīfán:　Tā dàgài shénme shíhou huí lai?
伊凡:　她大概什么时候回来？

Lǎoshī:　Tā kěnéng yào xiàwǔ cái néng huí lai.
老师:　她可能要下午才能回来。

二　句子 Jùzi　Речевые образцы

Tā zhǎng shénme yàngzi?
1. 她长什么样子？

Tā dàgài èrshí'èr-sān suì.
2. 她大概二十二三岁。

Tā shòushòu de, gāogāo de.
3. 她瘦瘦的，高高的。

Tā chuānzhe yí jiàn bái chènshān.
4. 她穿着一件白衬衫。

三 短文 Duǎnwén Текст

Xún rén qǐshì
寻人启事

Zhāng Xiǎomíng, nán, qī suì, duǎn tóufa, hēi yǎnjing, shēn chuān hēisè T xù
张小明，男，七岁，短头发，黑眼睛，身穿黑色T恤

hé niúzǎi duǎnkù, bēizhe huángsè de shūbāo, zuórì zài xuéxiào ménqián zǒushī. Yǒu
和牛仔短裤，背着黄色的书包，昨日在学校门前走失。有

jiàndàozhě qǐng dǎ diànhuà yāo sān jiǔ líng qī wǔ jiǔ yāo èr sān sì hé Zhāng Liàng
见到者请打电话 13907591234 和张亮

liánxì, fēicháng gǎnxiè!
联系，非常感谢！

四 生词表 Shēngcíbiǎo Новые слова

1. 先生	xiānsheng	n.	господин
2. 走散	zǒu sàn		теряться
3. 不久	bùjiǔ	adj.	недавно
4. 长	zhǎng	v.	выглядеть
5. 样子	yàngzi	n.	внешность, вид
6. 头发	tóufa	n.	волос
7. 眼睛	yǎnjing	n.	глаз

第 14 课　她长什么样子
Урок 14　Как она выглядит

8. 瘦	shòu	*adj.*	худой
9. 个子	gèzi	*n.*	рост
10. 穿	chuān	*v.*	надевать, одеваться
11. 着	zhe	*aux.*	*суффикс глагола, указывающий на длительность действия или состояния*
12. 衬衫	chènshān	*n.*	рубашка
13. 牛仔裤	niúzǎikù	*n.*	джинсы
14. 戴	dài	*v.*	носить
15. 眼镜	yǎnjìng	*n.*	очки
16. 副	fù	*mw.*	*счетное слово для очков, перчаток и т. д.*
17. 左右	zuǒyòu	*n.*	около
18. 皮肤	pífū	*n.*	кожа
19. 出去	chū qu		уходить
20. 大概	dàgài	*adv.*	наверное
21. 可能	kěnéng	*v.*	может быть, возможно
22. T恤	T xù	*n.*	футболка
23. 背	bēi	*v.*	носить на спине
24. 书包	shūbāo	*n.*	портфель
25. 联系	liánxì	*v.*	связываться
26. 感谢	gǎnxiè	*v.*	благодарить

五 注释 Zhùshì Комментарии

1. 动态助词"着" Суффикс «着»

sb. + V + 着 + O

这个句式可以用来描写一个人的穿着打扮或正在持续的状态。例如：

Глагол с суффиксом «着» обозначает состояние, в котором находится человек или предмет в данный момент, и поэтому может употребляться при описании одежды человека. Например:

（1）她拿着一束花儿。
（2）他穿着一双黑色的鞋。
（3）她长着一头金色的长发。
（4）王老师骑着一辆自行车。

2. 概数表达法 Обозначение приблизительного количества

1）邻近的两个数词连用 Для обозначение приблизительного количества употребляются рядом стоящие цифры, например:

（1）我来湛江已经两三个月了。
（2）他三十四五岁的样子，个子不是很高。
（3）我家离学校很远，坐公共汽车要四五十分钟。

2）num. + 多 / 几 + mw.
（1）这次考试很难，大概有三十多个人不及格。
（2）她很年轻，二十几岁，很漂亮。

3）num. + mw. + 左右
（1）他七点左右到学校。
（2）我在这里租房子一个月一千块左右。

3. 形容词重叠　Удвоение прилагательных

表示以下意义：

（1）作状语或补语时，表示程度深。如"我要跑得远远的"。

（2）作定语时一般不表示程度深，但描写作用很强，而且包含喜爱的感情色彩。如"长长的头发"。

(1) Удвоенное прилагательное, выполняя функцию обстоятельства или дополнения, обозначает высокую степень. Например: 我要跑得远远的.

(2) Удвоенное прилагательное, выполняя функцию определения, не обозначает высокой степени, зато имеет явный описательный характер и ласкательный оттенок. Например: 长长的头发.

A——AA（的/地）	AB——AABB（的/地）
长长的头发	说得清清楚楚的
头发长长的	长得漂漂亮亮的
慢慢地走远了	高高兴兴地走了

形容词重叠后不能再受"很""十分""非常"等程度副词的修饰。

Удвоенное прилагательное не сочетается с наречиями степени, такими как «很»«十分»«非常».

4. 简单趋向补语　Простое дополнение направления

"V+来/去"表示动作的方向。"来"表示动作朝说话人的方向进行，"去"表示相反的意思。

Конструкция «V+来/去» указывает на направление действия. «来» обозначает, что движение производится по направлению к говорящему, а «去» - от говорящего.

进	出	上	下	过	回
进来	出来	上来	下来	过来	回来
进去	出去	上去	下去	过去	回去

（1）你跟我们一起过去吧。

（2）你什么时候回来？

（3）你下来吧。

当宾语为处所宾语时，"来/去"常放在动词和处所宾语的后面。例如：
«来/去» обычно ставится после глагола и дополнения, обозначающего место. Например:

主语 подлежащее	谓语 сказуемое		
	动词 глагол	宾语 дополнение	来/去
他	进	学校	去 了
他	上	楼	来 了
我们	下	山	去 吧

六 练习 Liànxí Упражнения

1. 看图，用所给词语和句式描述他们的样子
Исопользуя данные слова и предложения, опишите их внешность

个子　头发　眼睛　鼻子
衬衫　裤子　裙子　眼镜
书包　七八岁　左右　多
V + 着 + O

第 14 课　她长什么样子
Урок 14　Как она выглядит

2. 替换练习　Замените подчеркнутые слова словами в рамках

（1）A：她的头发是短的吗？

　　　B：不，她的头发是长的。

上衣：　红色　白色
裙子：　黑色　蓝色

（2）A：她拿着一束花儿吗？

　　　B：不，她拿着一本书。

戴着：　白色眼镜　黑色眼镜
穿着：　绿色裙子　白色裙子

3. 双人练习对话　Проведите диалоги

（1）A：_____。

　　　B：她瘦瘦的，高高的，黑头发，大眼睛。

（2）A：你平时几点吃饭？

　　　B：_____。（左右）

（3）A：他是不是穿着一件黄色的衬衫？

　　　B：不，他_____。

4. 朗读短文　Прочитайте текст

Nà liàng chē shì báisè de. Kāi chē de rén shì nán de, tā tóufa hěn cháng, dàizhe yí fù yǎnjìng, chuānzhe huángsè de shàngyī, lánsè de niúzǎikù. Tā de chēpái hàomǎ shì G-862 KS.

那辆车是白色的。开车的人是男的，他头发很长，戴着一副眼镜，穿着黄色的上衣，蓝色的牛仔裤。他的车牌号码是G-862KS。

5. 说话练习　Развитие речи

两人一组，谈谈第一次和网友或朋友见面时，对方长什么样。

Употребляя следующие слова, расскажите о вашей первой встрече с другом или сетевым другом. Как он(а) выглядит?

要求尽量使用下列词语：

衬衫　牛仔裤　书包　个子　头发　眼睛　年纪

6. 小游戏　Учебная игра «Назови слово, смотря на картину»

看图说词：老师向全班同学展示一副大图片，图片内容比较丰富，有复杂的背景和众多的人物。要求学生仔细观察15秒钟，然后收起图片，让学生回忆并自由说出所见到的人物。老师将学生提到的词写在黑板上。所有学生讲完后，再次打开图片，让学生一边看一边补充遗漏的事物，并同样写在黑板上，老师带领学生认读黑板上的词语以后，要求学生依次对黑板上的词语进行联想，说出1～2个联想词语。

第 14 课　她长什么样子
Урок 14　Как она выглядит

Расскажите по картине:

Преподаватель показывает классу большую картину. Содержание картины может быть многоплановым, на ней могут быть изображены насыщенный фон или множество людей. Класс должен внимательно рассмотреть картину в течение 15 секунд, после чего картина убирается, а ученики должны вспомнить и описать людей, изображённых на картине. Во время рассказа учеников преподаватель должен записывать на доске упомянутые слова. После рассказа всех учеников преподаватель снова открывает картину и предлагает ученикам посмотреть и дополнить свой рассказ, дописывая новые слова на доске. Затем преподаватель указывает на слова на доске, ученики должны произнести их. После этого, каждый ученик должен придумать 1—2 предложения с какими-либо из данных слов.

第15课 Урок 15
Jīntiān tiānqì zěnmeyàng
今天天气怎么样
Какая сегодня погода

一 对话 Duìhuà Диалоги

（一）

Yóulìyà: Jīntiān tiānqì zěnmeyàng?
尤利娅：今天天气怎么样？

Yīfán: Bú tài hǎo, yǒu fēng, xiàwǔ hái yǒu yǔ.
伊凡：不太好，有风，下午还有雨。

Yóulìyà: Lěng ma?
尤利娅：冷吗？

Yīfán: Bù lěng, èrshí dù.
伊凡：不冷，二十度。

Yóulìyà: Míngtiān ne?
尤利娅：明天呢？

Yīfán: Míngtiān shì qíngtiān.
伊凡：明天是晴天。

第 15 课　今天天气怎么样
Урок 15　Какая сегодня погода

（二）

Nígǔlā: Lǎoshī, Zhànjiāng qiūtiān de tiānqì zěnmeyàng?
尼古拉：老师，湛江秋天的天气怎么样？

Wáng lǎoshī: Zhànjiāng de qiūtiān bù lěng bú rè, hěn shūfu, shì zuì hǎo de jìjié.
王老师：湛江的秋天不冷不热，很舒服，是最好的季节。

Nígǔlā: Xiàtiān ne? Tīngshuō Zhànjiāng de xiàtiān hěn rè, shì ma?
尼古拉：夏天呢？听说湛江的夏天很热，是吗？

Wáng lǎoshī: Duì, Zhànjiāng de xiàtiān bǐjiào rè, zuì gāo chàbuduō sānshíbā dù.
王老师：对，湛江的夏天比较热，最高差不多三十八度。

Nígǔlā: Wǒ bù xǐhuan xiàtiān, xiàtiān tài rè le.
尼古拉：我不喜欢夏天，夏天太热了。

Wáng lǎoshī: Nígǔlā, nǐ zuì xǐhuan nǎge jìjié?
王老师：尼古拉，你最喜欢哪个季节？

Nígǔlā: Wǒ xǐhuan dōngtiān, wǒ xǐhuan huá xuě. Lǎoshī, nín ne?
尼古拉：我喜欢冬天，我喜欢滑雪。老师，您呢？

Wáng lǎoshī: Wǒ xǐhuan chūntiān.
王老师：我喜欢春天。

二　句子 Jùzi　Речевые образцы

Jīntiān tiānqì zěnmeyàng?
1. 今天天气怎么样？

Zhànjiāng de qiūtiān bù lěng bú rè, hěn shūfu.
2. 湛江的秋天不冷不热，很舒服。

3. Tīngshuō Zhànjiāng de xiàtiān hěn rè, shì ma?
   听说 湛江 的夏天很热，是吗？

4. Nǐ zuì xǐhuan nǎge jìjié?
   你最喜欢哪个季节？

三 短文 Duǎnwén Текст

Yóulìyà:
尤利娅：

Nǐ hǎo! Zuìjìn máng bu máng? Nǐ dǎsuàn shénme shíhou lái Běijīng? Běijīng de
你好！最近 忙 不 忙？你打算 什么 时候来北京？北京 的

dōngtiān hěn lěng, xiàtiān hěn rè. Chūntiān bù lěng, kěshì chángcháng guā fēng.
冬天 很 冷，夏天很热。春天 不 冷，可是 常常 刮 风。

Qiūtiān fēicháng hǎo, bù lěng yě bú rè. Wǒ juéde qiūtiān zuì hǎo.
秋天 非常 好，不冷也不热。我觉得 秋天 最好。

   Zhù nǐ
   祝 你

Tiāntiān kāixīn!
天天 开心！

                                    Nǐ de péngyou: Xiǎolì
                                    你的 朋友：小丽

                                    6月6日

第 15 课　今天天气怎么样
Урок 15　Какая сегодня погода

四　生词表 Shēngcíbiǎo　Новые слова

1.	天气	tiānqì	n.	погода
2.	怎么样	zěnmeyàng	pron.	как, какой
3.	冷	lěng	adj.	холодный
4.	度	dù	mw.	градус
5.	晴天	qíngtiān	n.	солнечная погода
6.	秋天	qiūtiān	n.	осень
7.	热	rè	adj.	жаркий, горячий
8.	舒服	shūfu	adj.	комфортный, удобный
9.	季节	jìjié	n.	сезон, время года
10.	听说	tīngshuō	v.	говорят
11.	夏天	xiàtiān	n.	лето
12.	比较	bǐjiào	adv.	сравнительно, относительно
13.	差不多	chàbuduō	adv.	почти
14.	哪个	nǎge	pron.	какой
15.	冬天	dōngtiān	n.	зима
16.	滑雪	huá xuě		кататься на лыжах
17.	春天	chūntiān	n.	весна

五 注释 Zhùshì Комментарии

1. 度 «Градус»

中国计量温度所使用的单位是摄氏度，不是华氏度。

В Китае вместо градуса Фаренгейта в качестве единицы измерения температуры употребляется градус Цельсия.

2. 怎么样 «Как, какой»

"怎么样"放在句尾，用来询问天气、身体、学习等很多方面的情况。例如：

«怎么样» ставится в конце предложения. При его помощи образуется вопрос о самых разных обстоятельствах – о погоде, здоровье, учебе и т.д. Например:

（1）湛江夏天的天气怎么样？
（2）爷爷的身体怎么样？
（3）这个学校的留学生宿舍怎么样？

3. 不 A 不 B

"不 A 不 B"表示正好，A 和 B 为相反意义的形容词。例如：

Конструкция «不 A 不 B» обозначает «в меру, умеренный, идеальный». Здесь А и В являются антонимами. Например:

不大不小   不早不晚   不快不慢

4. 形容词谓语 Сказуемое-прилагательное

汉语中的形容词作谓语时，不需要用"是"。例如：

Прилагательное, выполняя функцию сказуемого, не сочетается с глаголом-связкой «是». Например:

（1）那个学校很大。

（2）北京的冬天比较冷。

（3）今天的天气不太舒服。

（4）这个电影很有名。

作谓语的形容词前常常加程度副词，不加时往往有对比的意思。例如：

Перед сказуемым-прилагательным часто ставится наречие степени. Без такого наречия предложение имеет значение противопоставления. Например:

（1）我的房间大，他的房间小。

（2）冬天冷，夏天热。

六 练习 Liànxí Упражнения

1. 看图造句 Составьте предложение по рисунками

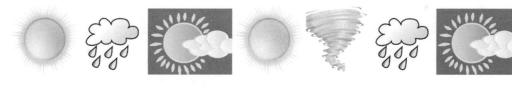

星期一　星期二　星期三　星期四　星期五　星期六　星期日

A：今天星期几？

B：_____。

A：今天天气怎么样？

B：_____。

A：星期六天气怎么样？

B：_____。

2. 替换练习　Замените подчеркнутые слова словами в рамках

（1）A：明天的天气怎么样？

　　B：不太好，有风，下午有雨。

```
很好　　　　　是晴天
上午比较好　　不过晚上有雨
比较冷　　　　下午有小雪
```

（2）A：湛江的夏天怎么样？

```
春天
秋天
冬天
```

　　B：比较热，最高差不多三十八度。

```
很好　　　　不过常常很潮湿
不冷不热　　是最好的季节
不太冷
```

3. 用"怎么样"提问　Задайте вопросы, употребляя «怎么样»

（1）北京的冬天比较冷。

（2）这个电影很好。

（3）哥哥的房间很小，不太舒服。

（4）北京大学的图书馆很大。

（5）奶奶的身体很好。

第 15 课 今天天气怎么样
Урок 15 Какая сегодня погода

4. 根据课文内容回答问题　Ответьте на вопросы по тексту

（1）明天天气怎么样？

（2）今天天气冷吗？

（3）湛江夏天的天气怎么样？

（4）王老师最喜欢哪个季节？

（5）小丽觉得北京的秋天怎么样？

5. 说话练习　Развитие речи

学生谈天气（对话形式或者让学生介绍本国某城市的天气）。

Расскажите о погоде (вы можете составить диалог на эту тему или просто рассказать о погоде какого-нибудь города в вашей стране).

6. 小游戏　Учебная игра

唱歌谣学词语　Петь песенку и учить слова

利用下面这首歌《春天在哪里》来做词语替换练习。Замените слова в песенке «Где весна».

Chūntiān zài nǎli ya, chūntiān zài nǎli?
春天　在 哪里呀，春天　在 哪里？　　Где весна, где весна?

Chūntiān zài nà qīngcuì de shānlín li.
春天 在那 青翠 的 山林 里。

Весна в зеленых горных лесах.

Zhèli yǒu hónghuā ya, zhèli yǒu lǜ cǎo,
这里有 红花 呀，这里 有 绿草，

Там и красные цветы, и зеленая трава,

Hái yǒu nà huì chàng gē de xiǎo huánglí.
还 有那会 唱 歌的 小 黄鹂。

и милые иволги, хорошие певцы.

老师在黑板上板书歌词，带学生读几遍，然后示范性地边打拍子边唱，等学生熟悉了歌词，可以做以下的替换：

Учитель записывает текст песенки на доске. Ученики некоторые раз повторяют его вслух за учителем, затем учитель отбивает ритм песенки и поет. Когда ученики уже запомнили текст песенки, можно делать упражнения по замене слов в песенке.

春天——夏天——秋天——冬天

весна — лето — осень— зима

山林——池塘——树林——雪地

горный лес — пруд — лес — снежное поле

红花——荷花——落叶——梅花

красные цветы—лотос —падающий лист — цветы сливы

黄鹂——知了——松鼠——企鹅

иволга — цикада — белка — пингвин

Dì-shíliù kè
第 16 课
Урок 16

Nǐ nǎr bù shūfu
你哪儿不舒服
На что вы жалуетесь

一 对话 Duìhuà Диалоги

（一）

Yóulìyà: Nínà, nǐ zěnme hái bù qǐ chuáng?
尤利娅： 尼娜，你怎么还不起床？

Nínà: Wǒ yǒudiǎnr bù shūfu.
尼娜： 我有点儿不舒服。

Yóulìyà: Nǐ zěnme le?
尤利娅： 你怎么了？

Nínà: Wǒ tóu yǒudiǎnr téng.
尼娜： 我头有点儿疼。

Yóulìyà: Nǐ shì bu shì gǎnmào le?
尤利娅： 你是不是感冒了？

Nínà: Kěnéng shì. Zuótiān wǒ qù yóu yǒng le, shuǐ yǒudiǎnr liáng.
尼娜： 可能是。昨天我去游泳了，水有点儿凉。

Yóulìyà: Nǐ chī yào le ma?
尤利娅： 你吃药了吗？

157

Nínà: Chī le
尼娜： 吃了。

Yóulìyà: Xiànzài yào bu yào qù yīyuàn?
尤利娅： 现在 要不要 去 医院？

Nínà: Búyòng, wǒ xiǎng shuì jiào, nǐ bāng wǒ qǐng ge jià ba.
尼娜： 不用，我 想 睡 觉，你 帮 我 请 个假吧。

Yóulìyà: Hǎo de, nǐ xiūxi ba.
尤利娅： 好的，你休息吧。

（二）

Dàifu: Nǐ nǎr bù shūfu?
大夫： 你哪儿不舒服？

Nínà: Wǒ tóuténg、sǎngzi téng, kěnéng yǒudiǎnr fā shāo.
尼娜： 我 头疼、嗓子 疼，可能 有点儿 发烧。

Dàifu: Xiān liáng yi liáng tǐwēn ba.
大夫： 先 量 一 量 体温吧。

Nínà: Fā shāo ma?
尼娜： 发 烧 吗？

Dàifu: Sānshíqī dù bā, yǒudiǎnr shāo.
大夫： 37度8， 有点儿 烧。

Nínà: Dàifu, wǒ de bìng yánzhòng ma?
尼娜： 大夫，我的 病 严重 吗？

Dàifu: Bú yàojǐn, chīdiǎnr yào jiù hǎo le.
大夫： 不要紧，吃点儿药就好了。

Nínà: Xīyào háishi zhōngyào?
尼娜： 西药 还是 中药？

Dàifu: Xīyào hé zhōngyào dōu yǒu. Yào duō hē shuǐ. Zhè shì yàofāng, yàofáng
大夫：西药和 中药 都有。要多喝水。这是药方，药房

zài yī lóu.
在一楼。

Nínà: Xièxie dàifu!
尼娜：谢谢大夫！

二 句子 Jùzi　Речевые образцы

Zuótiān wǒ qù yóu yǒng le.
1. 昨天我去游泳了。

Nǐ chī yào le ma?
2. 你吃药了吗？

Nǐ nǎr bù shūfu?
3. 你哪儿不舒服？

Kěnéng yǒudiǎnr fā shāo.
4. 可能 有点儿发烧。

三 短文 Duǎnwén　Текст

Zuótiān wǒ qù yóu yǒng le, shuǐ yǒudiǎnr liáng. Jīntiān wǒ yǒudiǎnr
昨天我去游泳了，水有点儿凉。今天我有点儿

bù shūfu. Wǒ tóu yǒudiǎnr téng, sǎngzi yě hěn téng, kěnéng gǎnmào le.
不舒服。我头有点儿疼，嗓子也很疼，可能 感冒了。

Xiànzài wǒ bù xiǎng qù yīyuàn. Wǒ chī le yào, xiǎng shuì jiào, bù xiǎng qù
现在 我 不 想 去 医院。我 吃 了 药, 想 睡觉, 不 想 去

shàng kè, Yóulìyà bāng wǒ qǐng jià.
上 课, 尤利娅 帮 我 请 假。

四 生词表 Shēngcíbiǎo Новые слова

1.	疼	téng	*adj.*	болеть
2.	感冒	gǎnmào	*v.*	простужаться
3.	游泳	yóu yǒng		плавать, плыть
4.	凉	liáng	*adj.*	холодный, прохладный
5.	药	yào	*n.*	лекарство
6.	请假	qǐng jià		просить отпуск
7.	睡觉	shuì jiào		спать
8.	休息	xiūxi	*v.*	отдыхать
9.	嗓子	sǎngzi	*n.*	горло
10.	发烧	fā shāo		(у кого) высокая температура
11.	量	liáng	*v.*	измерять
12.	体温	tǐwēn	*n.*	температура [тела]
13.	病	bìng	*n.*	болезнь
14.	严重	yánzhòng	*adj.*	серьезный
15.	要紧	yàojǐn	*adj.*	срочный, важный

第 16 课　你哪儿不舒服
Урок 16　На что вы жалуетесь

16.	都	dōu	*adv.*	все
17.	西药	xīyào	*n.*	западное лекарство
18.	中药	zhōngyào	*n.*	китайское лекарство
19.	药方	yàofāng	*n.*	рецепт
20.	药房	yàofáng	*n.*	аптека

词语扩展 Cíyǔ kuòzhǎn　Дополнительные слова

病情 Bìngqíng　Состояние больного

1.	骨折	gǔzhé	перелом кости
2.	咳嗽	késou	кашель
3.	牙疼	yá téng	зубная боль
4.	肚子疼	dùzi téng	боль в животе
5.	胃疼	wèi téng	боль в желудке

五　注释 Zhùshì　Комментарии

1. 语气助词"了"　Модальная частица «了»

　　语气助词"了"用在句子末尾，肯定事件已经发生或情况出现了变化，有成句的作用。主要用在"动+宾+了"格式中，句子中一般有时间词语。例如：

　　Модальная частица «了» ставится в конце предложения и указывает на то, что действие уже имело место или состояние изменилось. «了» часто употребляется в конструкции «动+宾+了» (глагол + дополнение + 了) с обстоятельством времени. Например:

时间状语 обстоятельство времени	主语 подлежащее	谓语 сказуемое	
		V（+O）	了
	我	吃饭	了
昨天	他	去游泳	了
上个月	尼古拉	去中国	了

否定形式：在动词前面加上"没"或者"没有"，句尾不用"了"。

Отрицательная форма предложения: перед глаголом добавить «没» или «没有», тогда «了» в конце предложения не ставится.

时间状语 обстоятельство времени	主语 подлежащее	谓语 сказуемое	
		没有 / 没	V（+O）
	我	没（有）	吃饭
昨天	他	没（有）	去游泳
上个月	尼古拉	没（有）	去中国

正反疑问形式：V（+O）+了+没有？/V+没+V（+O）？

Утвердительно-отрицательный вопрос: V（+O）+了+没有？/V+没+V（+O）？

时间状语 обстоятельство времени	主语 подлежащее	谓语 сказуемое			
		V	(O)	了	没有
	你	吃		了	没有
昨天	他	去	游泳	了	没有
上个月	尼古拉	去	中国	了	没有

第 16 课　你哪儿不舒服
Урок 16　На что вы жалуетесь

2. 离合动词　Раздельно-слитные глаголы

"请假、睡觉、起床、考试、帮忙……"这样的词，既可以作为一个词单独使用，又可以分开，在中间加上其他词语，我们把这类词叫作"离合词"。

Раздельно-слитными глаголами называются такие глаголы, как «请假, 睡觉, 起床, 考试, 帮忙……», которые включают в себя две морфемы, глагольную и именную. Между двумя морфемами можно вставить другие слова, например, «一个» «一会儿» и т. д., поэтому такие слова употребляются либо слитно, как одно слово, либо отдельно, как глагольное словосочетание.

V	其他成分	O
请	（一）个	假
游	（一）会儿	泳
睡	（一）会儿	觉

VV	O
游游	泳
睡睡	觉

3. 主谓谓语句　Предложение со сказуемым, выраженным подлежащно-сказуемостным сочетанием

主谓结构作谓语的结构是：Конструкция такова:

| 主语 подлежащее | 谓语 сказуемое ||
	主语 подлежащее	谓语 сказуемое
我	头	疼
他	嗓子	疼

六 练习 Liànxí Упражнения

1. 看图回答问题　Ответьте на вопросы по рисункам

他/她哪儿不舒服？

2. 把括号中的词填入适当的位置　Вставьте слова в скобках в нужное место

（1）你怎么A不B起C床？（还）

（2）你帮A我请B假C吧。（个）

（3）昨天我A去B游泳C。（了）

（4）我昨天A买B书C。（没有）

第 16 课　你哪儿不舒服
Урок 16　На что вы жалуетесь

3. 选择适当的问句或答句　Выберите подходящий ответ или вопрос

（1）A：昨天你去医院了没有？

　　　B：_____。

　　　　a. 我没去　　　b. 我去

（2）A：_____？

　　　B：我有点儿不舒服。

　　　　a. 你好吗　　　b. 你怎么了

4. 双人练习对话　Проведите диалог

A：_____？（不舒服）

B：我头疼、嗓子疼。

A：发烧吗？

B：_____。（可能）

A：_____。38度，有点儿烧。（量一量）

B：大夫，我的病严重吗？

A：不要紧，我给你开点儿药。

B：_____？（还是）

A：西药和中药都有。

5. 说话练习　Развитие речи

请说说你来中国以后得过什么病，去过哪个医院，吃过什么药。

Расскажите о том, чем вы заболели после того, как вы приехали в Китай? В какой больнице вы были, и какие лекарства вы принимали?

6. 小游戏　Учебная игра

情景表演：看病

Сценка: поход к врачу

表演道具：药片、体温表、中药等。

Реквизит: таблетки, градусник, лекарства китайской медицины, и т.д.

情景设计：两个学生，一个扮演医生，一个扮演病人，病人找医生看病。

Участники: два ученика, один играет доктора, второй – больного. Больной приходит к доктору на прием.

可以参考下列句型和词语：

Можно использовать следующие фразы и слова:

句型：　你哪儿不舒服？/ 你哪儿疼？/ 昨天疼了没有？

　　　　你是不是_____？/ 发烧吗？/ 量一量体温吧。

　　　　我_____不舒服。/ 我_____疼。/ 可能是_____。

　　　　这种药怎么吃？/ 一天三次，一次一片。

词语：　舒服　头　肚子　牙　嗓子　疼　感冒　可能　请假
　　　　睡觉　休息　发烧　量体温　严重　开药　药方　药房
　　　　中药　西药

Dì-shíqī kè / Урок 17

Wǒ duì Zhōngguó shūfǎ fēicháng gǎn xìngqù
我对中国书法非常感兴趣

Я очень интересуюсь китайской каллиграфией

一 对话 Duìhuà Диалоги

（一）

Nígǔlā: Shì Zhāng Huá ba, qǐng jìn.
尼古拉：是张华吧，请进。

Zhāng Huá: Nǐ zài zuò zuòyè ma?
张 华：你在做作业吗？

Nígǔlā: Wǒ zuòwán zuòyè le, zhèngzài liàn shūfǎ ne.
尼古拉：我做完作业了，正在练书法呢。

Zhāng Huá: Wǒ kànkan, nǐ xiě de zhēn búcuò, liàn le duō cháng shíjiān le?
张 华：我看看，你写得真不错，练了多长时间了？

Nígǔlā: Gāng kāishǐ liàn, wǒ zhèng gēn yí ge Zhōngguó lǎoshī xué ne.
尼古拉：刚开始练，我正跟一个中国老师学呢。

Zhāng Huá: Nǐ xǐhuan liàn shūfǎ ma?
张 华：你喜欢练书法吗？

Nígǔlā: Wǒ duì Zhōngguó shūfǎ fēicháng gǎn xìngqù, měi tiān dōu liàn.
尼古拉：我对中国书法非常感兴趣，每天都练。

167

张华： Liàn shūfǎ duì xuéxí Hànyǔ yě hěn yǒu bāngzhù. Yīfán ne?
张　华：练书法对学习汉语也很有帮助。伊凡呢？

尼古拉： Tā chū qu le, kěnéng zhèngzài túshūguǎn kàn shū ne. Yíhuìr jiù
尼古拉：他出去了，可能正在图书馆看书呢。一会儿就
huí lai.
回来。

张华： Nǐ liàn shūfǎ ba, wǒ qù túshūguǎn zhǎo tā.
张　华：你练书法吧，我去图书馆找他。

（二）

(Chǎngjǐng: Nínà gěi Zhāng Huá dǎ diànhuà)
（场景：尼娜给张华打电话）

尼娜： Shì Zhāng Huá ma?
尼　娜：是张华吗？

张华： Shì, Nínà, nǐ yǒu shénme shì ma?
张　华：是，尼娜，你有什么事吗？

尼娜： Hǎojiǔ méi jiàndào nǐ le. Nǐ zài máng shénme ne?
尼　娜：好久没见到你了。你在忙什么呢？

张华： Wǒ zuìjìn zhèngzài zhǔnbèi kǎo shì ne.
张　华：我最近正在准备考试呢。

尼娜： Nǐ xiànzài zài zuò shénme ne?
尼　娜：你现在在做什么呢？

张华： Wǒ zài chī fàn ne, nǐ ne?
张　华：我在吃饭呢，你呢？

尼娜： Wǒ zài gēn Lǐ Lì liáo tiānr ne.
尼　娜：我在跟李丽聊天儿呢。

第 17 课　我对中国书法非常感兴趣

Урок 17　Я очень интересуюсь китайской каллиграфией

Zhāng Huá: Nǐ zhǎo wǒ yǒu shì ma?
张　华：你找 我有事吗？

Nínà: Wǒmen xiǎng kàn jīngjù, nǐ néng gēn wǒmen yìqǐ qù ma?
尼　娜：我们 想 看京剧，你 能 跟我们 一起去吗？

Zhāng Huá: hǎo a, shénme shíhou qù?
张　华：好啊，什么 时候 去？

Nínà: Yí ge xiǎoshí yǐhòu wǒmen zài lóuxià děng nǐ.
尼　娜：一个小时 以后我们 在楼下 等 你。

Zhāng Huá: Hǎo, bújiàn bú sàn.
张　华：好，不见 不散。

二　句子 Jùzi　Речевые образцы

Wǒ duì Zhōngguó shūfǎ fēicháng gǎn xìngqù.
1. 我对 中国 书法非常 感兴趣。

Nǐ liàn shūfǎ ba, wǒ qù túshūguǎn zhǎo tā.
2. 你练书法吧，我去 图书馆 找他。

Hǎojiǔ méi jiàndào nǐ le.
3. 好久没 见到 你了。

Nǐ zài máng shénme ne?
4. 你在 忙 什么 呢？

Wǒ zài chī fàn ne.
5. 我在吃饭呢。

三 短文 Duǎnwén Текст

Xiànzài wǒ gāng kāishǐ liàn shūfǎ, měitiān dōu liàn yí ge xiǎoshí.
现在我 刚 开始 练书法，每天 都 练一个小时。

Wǒ zhèng gēn yí ge Zhōngguó lǎoshī xué ne. Liàn shūfǎ bù nán, wǒ duì
我 正 跟一个 中国 老师 学 呢。练书法不难，我对

Zhōngguó shūfǎ fēicháng gǎn xìngqù.
中国 书法 非常 感兴趣。

Wǒ juéde liàn shūfǎ duì xuéxí Hànyǔ yě hěn yǒu bāngzhù.
我 觉得 练 书法对学习 汉语也很 有 帮助。

四 生词表 Shēngcíbiǎo Новые слова

1. 做作业	zuò zuòyè		делать домашние задания
2. 练	liàn	*v.*	тренироваться, упражняться
3. 书法	shūfǎ	*n.*	каллиграфия
4. 不错	búcuò	*adj.*	неплохо
5. 跟	gēn	*prep.*	с
6. 对	duì	*prep.*	для
7. 感兴趣	gǎn xìngqù		интересоваться
8. 每	měi	*pron.*	каждый день, ежедневно
9. 帮助	bāngzhù	*v.*	помогать

第 17 课　我对中国书法非常感兴趣
Урок 17　Я очень интересуюсь китайской каллиграфией

10.	正在	zhèngzài	adv.	быть в процессе, в настоящее время
11.	一会儿	yíhuìr	q.	через некоторое время
12.	打电话	dǎ diànhuà		звонить по телефону
13.	忙	máng	v. / adj.	занятый
14.	最近	zuìjìn	n.	за последнее время, на днях
15.	准备	zhǔnbèi	v.	готовить
16.	有事	yǒu shì		занятый
17.	京剧	jīngjù	n.	пекинская опера
18.	楼下	lóuxià	n.	на нижнем этаже
19.	不见不散	bújiàn bú sàn		До встречи! (бук. Не разойдемся пока не увидимся.)

词语扩展 Cíyǔ kuòzhǎn　Дополнительные слова

中国文化 Zhōngguó wénhuà　Китайская культура

1.	中国电影	Zhōngguó diànyǐng	китайский фильм
2.	武术	wǔshù	ушу
3.	太极拳	tàijíquán	тайцзицюань
4.	剪纸	jiǎnzhǐ	вырезанный из бумаги рисунок
5.	国画	guóhuà	гохуа (китайская национальная живопись)
6.	中医	zhōngyī	китайская медицина

五 注释 Zhùshì　Комментарии

1. 对……（不）感兴趣　(не) интересоваться кем-чем

主语 подлежащее	谓语 сказуемое		
	对	object (O)	V + O（感兴趣）
她	对	中国书法	特别感兴趣
我爸爸	对	汉语	很感兴趣
他	对	京剧	不感兴趣

提示：也可以表示成"对……有（没有）兴趣"。

Другой вариант: 对……有（没有）兴趣.

2. 动作的进行　Действие в процессе

"正在……（呢）""在……（呢）""正……（呢）""……呢"表示动作的进行。

«正在……（呢）» «在……（呢）» «正……（呢）» «……呢» указывает на действие в процессе, например:

主语 подлежащее	谓语 сказуемое		
	正在 / 在 / 正	V + O	（呢）
你	正在	做什么	（呢）
你	在	忙什么	（呢）
我	正	准备考试	（呢）
我		上网	呢

否定形式是"没（有）……"。

Отрицательная форма: «没（有）……».

主语 подлежащее	谓语 сказуемое	
	没（有）	V + O
我	没（有）	做作业
我	没（有）	上网

六　练习 Liànxí　Упражнения

1. 看图回答问题　Ответьте на вопросы по рисункам

他们对什么感兴趣？

2. 替换练习　Составьте предложение по рисункам и образцам

（1）他正在看书呢。

吃饭　　　　　　　　睡觉　　　　　　　　游泳

（2）我对中国书法非常感兴趣。

说汉语　　　　　　　踢足球　　　　　　　上网

3. 完成对话　Дополните диалог

尤利娅：是＿＿＿＿＿＿＿＿＿＿吗？

尼古拉：是，＿＿＿＿＿＿＿＿＿，有什么事吗？

尤利娅：好久没见到你了。＿＿＿＿＿＿＿＿＿？

尼古拉：我最近正准备HSK呢。

尤利娅：＿＿＿＿＿＿＿＿＿？

尼古拉：我现在正在复习呢。＿＿＿＿＿＿＿＿＿？

尤利娅：我在跟张华聊天儿呢。

尼古拉：你找我有事吗？

尤利娅：我们想去看武术表演，＿＿＿＿＿＿＿＿？

第 17 课　我对中国书法非常感兴趣

Урок 17　Я очень интересуюсь китайской каллиграфией

尼古拉：好啊。_____？

尤利娅：一刻钟以后我们在图书馆门口等你。

尼古拉：好，_____！

4. 选词填空　Заполните пропуски подходящими словами

（1）我_____HSK不感兴趣。（对　给　替）

（2）现在他在图书馆学习_____。（吗　呢　唉）

（3）他在和朋友聊天儿_____？（吗　呢　唉）

（4）老师_____在上课。（刚　正　方）

5. 按照实际情况回答问题　Ответьте на вопросы

（1）你对中国书法感兴趣吗？

（2）你对太极拳感兴趣吗？

（3）你对什么感兴趣？

6. 小游戏　Учебная игра «Наши интересы»

兴趣你我他

老师先将学生分组，每组发一张"兴趣调查表"。让同学们利用课后时间，写出自己的兴趣。上台汇报时，说出自己或同学的三项兴趣。

Преподаватель делит класс на несколько групп, каждая группа получает листок с «таблицей интересов». Ученики должны записать свои хобби или интересы в таблицу. Во время выступления ученик должен рассказать о своих трех хобби, или о хобби одноклассников.

175

Dì-shíbā kè / Урок 18

Shǔjià nǐ yǒu shénme dǎsuàn
暑假你有什么打算

У тебя какой план на летние каникулы

一 对话 Duìhuà　Диалоги

（一）

Màikè: Xià zhōu jiù yào fàng shǔjià le, shǔjià nǐ yǒu shénme dǎsuàn?
迈克：下周就要放暑假了，暑假你有什么打算？

Yīfán: Wǒ hái méi xiǎnghǎo. Wǒ yòu xiǎng huí guó, yòu xiǎng qù lǚxíng.
伊凡：我还没想好。我又想回国，又想去旅行。

Nǐ ne?
你呢？

Màikè: Wǒ dǎsuàn huí guó kàn fùmǔ. Wǒ hěn xiǎngniàn tāmen.
迈克：我打算回国看父母。我很想念他们。

Yīfán: Wǒ yě xiǎng, kě wǒ gèng xǐhuan lǚxíng. Zhōngguó yǒu nàme duō hǎo
伊凡：我也想，可我更喜欢旅行。中国有那么多好

dìfang, Wǒ hái méi qùguo ne.
地方，我还没去过呢。

Màikè: Nǐ dōu dǎsuàn qù nǎr?
迈克：你都打算去哪儿？

Yīfán: Wǒ xiān zuò fēijī dào Běijīng, ránhòu qù Nánjīng、Shànghǎi, zài cóng
伊凡：我先坐飞机到北京，然后去南京、上海，再从

第18课 暑假你有什么打算

Урок 18 У тебя какой план на летние каникулы

上海坐船到香港，最后从香港回湛江。

迈克： 这也太多了，身体受不了吧？

伊凡： 主要是时间不够，回来我还要打工呢。

迈克： 你别去那么多地方了。暑假先去几个地方，寒假再去几个地方。

伊凡： 你说得对，我再计划计划。

（二）

丁玉兰： 明天星期六，我们都不上课，你们打算干什么？

尤利娅： 我明天要去打工。

尼娜： 我明天晚上有一个约会。

丁玉兰： 白天呢？

尼娜： 在家里休息，你呢？

丁玉兰： 我想去打球，你们去不去？

迈克： 我跟你一起去。

丁玉兰： 好啊。尼娜，你去不去？

尼娜： 不去，我不喜欢打球。

丁玉兰： 那你喜欢干什么？

尼娜： 我喜欢在家里看电视。

二 句子 Jùzi Речевые образцы

1. 我又想回国，又想去旅行。

2. 我打算回国看父母。

3. 我还没去过呢。

4. 你们打算干什么？

第 18 课　暑假你有什么打算
Урок 18　У тебя какой план на летние каникулы

三　短文 Duǎnwén　Текст

Màikè hé Yīfán zài tǎolùn tāmen de shǔjià jìhuà.　Yīfán xiǎng huí guó, yòu
迈克和伊凡在讨论他们的暑假计划。伊凡想回国，又

xiǎng qù lǚxíng, yīnwèi Zhōngguó yǒu hǎoduō dìfang tā dōu méi qùguo.
想去旅行，因为中国有好多地方他都没去过。

Tā dǎsuàn qù Běijīng、Nánjīng、Shànghǎi hé Xiānggǎng. Huídào Zhànjiāng
他打算去北京、南京、上海和香港。回到湛江

hòu, tā hái yào qù dǎ gōng.
后，他还要去打工。

四　生词表 Shēngcíbiǎo　Новые слова

1.	暑假	shǔjià	n.	летние каникулы
2.	回	huí	v.	возвращаться
3.	打算	dǎsuàn	v. / n.	собираться (что делать), намереваться; намерение
4.	旅行	lǚxíng	v.	путешествовать
5.	父母	fùmǔ	n.	родители
6.	想念	xiǎngniàn	v.	скучать
7.	更	gèng	adv.	более
8.	飞机	fēijī	n.	самолет
9.	船	chuán	n.	лодка, паровоз, судно

10.	最后	zuìhòu	n.	окончательный, последний
11.	身体	shēntǐ	n.	тело
12.	受不了	shòu bu liǎo		не стерпеть, не вынести
13.	够	gòu	v.	достаточный
14.	打工	dǎ gōng		подрабатывать
15.	先	xiān	adv.	сначала
16.	寒假	hánjià	n.	зимние каникулы
17.	计划	jìhuà	v. / n.	план; планировать
18.	干	gàn	v.	делать
19.	约会	yuēhuì	n. / v.	свидание; встречаться
20.	球	qiú	n.	мяч, шар
21.	电视	diànshì	n.	телевизор, телевидение

专有名词 Zhuānyǒu míngcí   Имена собственные

| 1. | 南京 | Nánjīng | Нанкин |
| 2. | 上海 | Shànghǎi | Шанхай |

五 注释 Zhùshì   Комментарии

1. 又……又……   Конструкция «又……又……»

连接形容词或动词，表示两种性质、状态或动作行为同时存在。例如：
Конструкция «又……又……» употребляется для соединения двух

прилагательных или глаголов, обозначая, что два состояния или действия существуют одновременно и параллельно.

（1）他的女朋友又聪明又漂亮。

（2）她的汉语说得又快又好。

（3）朋友们在一起又说又笑，很高兴。

2. 还没（有）……呢

"还没（有）……呢"表示还未完成但是即将发生或者完成的事情。例如：

Конструкция «还没（有）……呢» обозначает действие, которое еще не завершилось (или началось), но скоро завершится (или начнется).

（1）A：你吃饭了吗？

　　B：还没呢。

（2）A：这本书你看完了吗？

　　B：还没有看完呢。

（3）A：你去过上海吗？

　　B：还没去过呢。

3. 吧　Модальная частица «吧»

用在句尾，表示疑问，带有推测的口气。例如：

Модальная частица «吧» употребляется в конце вопросительных предложений для выражения предположения, например:

（1）你是中国人吧？

（2）今天是星期六吧？

（3）这本书是新买的吧？

六 练习 Liànxí Упражнения

1. 替换练习 Употребляя данные слова и словосочетания, составьте предложения по образцам

（1）他 / 她又<u>想回国，又想去旅行</u>。

想当老师 / 想当医生

会说汉语 / 会说俄语

想打工 / 想去旅行

（2）我打算回国看父母。

在北京工作

练书法

吃水饺

看京剧

（3）我还没去过上海呢。

用 / 筷子

看 / 京剧

放 / 鞭炮

2. 完成对话　Дополните диалог

A：下周就要放寒假了，＿＿＿＿＿＿＿＿＿＿＿？（打算）

B：我还没想好，＿＿＿＿＿＿＿＿＿＿＿。（又……又……）

A：我打算回国看父母，＿＿＿＿＿＿＿＿＿＿＿。（想念）

B：我也想，可是我更喜欢旅行。中国有那么多好地方，我还没去过呢。

A：＿＿＿＿＿＿＿＿＿＿＿？（想）

B：我想去香港、广州、北京、上海、南京等很多地方。

A：＿＿＿＿＿＿＿＿＿＿＿？（受得了）

B：我身体很好，没问题。

3. 选词填空　Выберите нужное слово и заполните пропуски

（1）那个地方我＿＿＿没去过呢。（再　还　又）

（2）最近太累了，我有点儿受不＿＿＿了。（到　好　了）

（3）你是尼古拉＿＿＿？（的　了　吧）

4. 看图回答问题　Ответьте вопросы по рисункам

暑假你有什么打算？

(1)

学习

(2)

旅行

第 18 课　暑假你有什么打算
Урок 18　У тебя какой план на летние каникулы

（3）

打工

5. 说话练习　Развитие речи

你打算去中国的哪些地方旅行？

Какие места в Китае вы планируете посетить?

6. 小游戏　Учебная игра

学生 5 个一组，每组有 13 张牌，每张牌上写有一种学生熟悉的假期活动的名称或图片。游戏开始，每组中有 4 个学生各分得 3 张牌，余下一张牌扣放在桌子中间。第五个没有牌的学生开始猜测组里其中一个学生暑假打算干什么。如，他可以说："暑假尤利娅可能去学汉语。"如果组内没有人对第五个学生的猜测有反对意见，猜测的学生应作出更肯定的判断："暑假尤利娅打算去学汉语。"同时猜测者可以直接获得加分。如果写有"学汉语"的牌在其他同学那儿，其他同学要说："尤利娅不能去学汉语，尤利娅的汉语在我这儿。"第五人再继续猜第二种可能，如此进行下去。到没有人提出异议时，一轮游戏结束。

Ученики объединяются в группы по 5 человек, каждой группе дается 13 карточек, на каждой из карточек изображены занятия во время каникул. После начала игры 4 человека из каждой группы берут по 3 карточки, одна карточка кладется на стол. Пятый человек остается без карты, он начинает отгадывать, чем будут заниматься на летних каникулах члены его группы. Пример: пятый человек говорит: «Возможно Юлия этим летом будет заниматься китайским языком». Если никто из группы не отрицает высказывание пятого человека, и он оказывается прав, то он может повторяет свою фразу с утверждением: «Этим летом Юлия будет заниматься китайским языком», и получает один балл. Если карточка с занятием «изучение китайского языка» находится в руках у другого ученика, то он должен сказать: «Юлия не будет заниматься китайским языком, китайский язык у меня», после чего пятый человек продолжает угадывать занятия. Ход пятого человека заканчивается, когда он отгадывает занятие, после чего отгадывающий меняется.

复习题三
Задания для повторения (3)

一、给下列词语注上拼音　Транскрибируйте следующие слова

1. 大海 _____
2. 明亮 _____
3. 先生 _____
4. 头发 _____
5. 天气 _____
6. 差不多 _____
7. 游泳 _____
8. 发烧 _____
9. 书法 _____
10. 约会 _____

二、根据所给拼音写出词语　Запишите иероглифами следущие слова

1. hǎokàn _____
2. cǎodì _____
3. yǎnjìng _____
4. zuǒyòu _____
5. qiūtiān _____
6. tīngshuō _____
7. zhòngyào _____
8. xiūxi _____
9. huí lai _____
10. fùmǔ _____

三、选词填空　Выберите нужное слово и заполните пропуски

对　还　跟　给

1. 我_____你开点儿药。
2. 我_____没去过上海呢。
3. 他_____京剧非常感兴趣。
4. 我_____一个中国老师学书法。

> 呢　吧　了　着

5. 她穿_____一条红色的连衣裙。

6. 他回学校去_____。

7. 我最近正忙着准备考试_____！

8. 今天是星期三_____？

> 怎么样　怎么　哪个　哪

9. 你_____还不起床？

10. 你喜欢_____季节？

四、把括号里的词填入合适位置　Вставьте слова в скобках в нужное место

1. 你的毛衣 A 漂亮 B 的 C。（挺）

2. 那个商店的 A 东西 B 贵 C。（有点儿）

3. 她背 A 红色的 B 书包 C。（着）

4. 那辆车 A 是 B 白色 C。（的）

5. 今天的 A 天气 B 冷 C 热，很 D 舒服。（不，不）

6. 你帮我 A 请 B 假 C 吧。（个）

7. 昨天你 A 去 B 图书馆 C 没有？（了）

8. 我 A 去他家的时候，B 他 C 练书法呢。（正在）

9. 他 A 正在 B 图书馆 C 学习呢。（可能）

10. 我 A 没 B 给他 C 打电话呢。（还）

五、用所给词语组句　Составьте предложения, употребляя следующие слова и словосочетания

1. 夏天　怎么样　湛江　天气　的

_____

2. 这件 有点儿 颜色 的 深 衬衫
_____

3. 眼镜 着 一副 她 戴
_____

4. 什么 回来 大概 尤利娅 时候
_____

5. 书 很 是吗 这本 听说 好看
_____

6. 没有 去 昨天 了 你 游泳
_____

7. 觉 想 一会儿 我 现在 睡
_____

8. 书法 有帮助 很 学习 对 汉语 练
_____

9. 呢 尼古拉 考试 正在 最近 准备
_____

10. 太忙了 我 了 受不了 有点儿 最近
_____

六、用所给词语造句 Составьте предложения, употребляя следующие слова и конструкции

1. 挺
_____

2. 有点儿

3. 又……又……
_____

4. 左右
_____

5. 可能
_____

6. 差不多
_____

7. 打算
_____

8. 更
_____

9. 还没……呢
_____

10. 对……感兴趣
_____

七、完成对话　Дополните диалоги

（一）

A：_____？

B：寒假我不回国，我留在上海。

A：_____？

B：我想去旅行。

A：＿＿＿＿＿＿＿＿＿＿＿＿？

B：我想去香港、北京、广州……还有很多地方。

A：＿＿＿＿＿＿＿＿＿＿＿＿？

B：我身体很好，没问题。

（二）

大　夫：＿＿＿＿＿＿＿＿＿＿＿＿？

尼古拉：我肚子疼。

大　夫：＿＿＿＿＿＿＿＿＿＿＿＿？

尼古拉：昨天吃了饺子和土豆饼。

大　夫：＿＿＿＿＿＿＿＿＿＿＿＿？

尼古拉：喝了很多咖啡。

大　夫：可能吃得不太好。

尼古拉：大夫，＿＿＿＿＿＿＿＿＿＿？（严重）

大　夫：不要紧，＿＿＿＿＿＿＿＿＿＿。

尼古拉：中药还是西药？

大　夫：＿＿＿＿＿＿＿＿＿＿（都）。这是药方，药房在一楼。

尼古拉：谢谢大夫！

八、阅读对话或短文，回答问题　Прочитайте диалог и текст, ответьте на вопросы

（一）

尼娜：是张华吗？

张华：是，尼娜，你有什么事吗？

尼娜：好久没见到你了。你在忙什么呢？

张华：我最近正在准备考试呢。

尼娜：你现在在做什么呢？

张华：我在吃饭呢，你呢？

尼娜：我在跟李丽聊天儿呢。

张华：你找我有事吗？

尼娜：我们想看京剧，你能跟我们一起去吗？

张华：好啊，什么时候去？

尼娜：一个小时以后我们在楼下等你。

张华：好，不见不散。

根据对话回答问题　Ответьте на вопросы по диалогу

1. 尼娜在给谁打电话？

2. 张华最近在忙什么呢？

3. 尼娜找张华有什么事？

4. 张华正在做什么事呢？

5. 他们约好什么时候见面？

（二）

寻人启事

李小亮，男，五岁，短头发，黑眼睛，身穿蓝色T恤和牛仔短裤，背着黑色的书包，昨日在家门前走失。有见到者请打电话13907591234 和李明联系，非常感谢！

根据短文回答问题　Ответьте на вопросы по тексту

6. 这个寻人启事找谁？

7. 李小亮长什么样子？

8. 李小亮的书包是什么颜色的？

9. 他是在哪儿走丢的？

10. 如果见到李小亮，和谁联系？怎么联系？

Dì-shíjiǔ kè
第 19 课
Урок 19

Nǐ xǐhuan yǎng shénme chǒngwù
你喜欢养什么宠物
Какие домашние питомцы тебе нравятся

一 对话 Duìhuà   Диалоги

(一)

Yóulìyà: Zhāng Huá, nǐ xǐhuan yǎng shénme chǒngwù?
尤利娅: 张 华，你喜欢 养 什么 宠物？

Zhāng Huá: Wǒ xǐhuan yǎng jīnyú, gè zhǒng gè yàng yánsè de jīnyú. Nǐ ne?
张 华: 我喜欢 养金鱼，各 种 各样 颜色的金鱼。你呢？

Yóulìyà: Wǒ xǐhuan yǎng xiǎo gǒu, cháng máo de, báisè de nà zhǒng.
尤利娅: 我喜欢 养 小 狗， 长 毛的，白色的那 种。

Zhāng Huá: Nǐ zhīdào Nígǔlā xǐhuan yǎng shénme chǒngwù ma?
张 华: 你知道尼古拉喜欢 养 什么 宠物 吗？

Yóulìyà: Tā tèbié xǐhuan yǎng xiǎo māo. Tā mèimei hé wǒ yíyàng, xǐhuan
尤利娅: 他特别喜欢 养 小 猫。他 妹妹 和我一样，喜欢

yǎng báisè de xiǎo gǒu.
养 白色的小 狗。

Zhāng Huá: Wǒ bàba hěn xǐhuan yǎng niǎo, tā xiànzài yǎngzhe liǎng zhī yīngwǔ ne!
张 华: 我爸爸很 喜欢 养 鸟，他现在 养着 两 只 鹦鹉呢！

第 19 课　你喜欢养什么宠物
Урок 19　Какие домашние питомцы тебе нравятся

尤利娅：它们会说话吗？

张　华：不会。但它们的羽毛非常漂亮。

（二）

尼古拉：昨天我们去野生动物园了。

丁玉兰：好玩儿吗？

尼古拉：太好玩儿了！

丁玉兰：那儿有什么动物？

尼古拉：有老虎、狮子、大象、猴子，还有大熊猫呢！

丁玉兰：你最喜欢什么动物？

尼古拉：我最喜欢大熊猫啦！你呢？

丁玉兰：我也是。

二 句子 Jùzi Речевые образцы

1. 野生 动物园 非常 好玩儿。
   Yěshēng dòngwùyuán fēicháng hǎowánr.

2. 我爸爸特别喜欢 养 鸟。
   Wǒ bàba tèbié xǐhuan yǎng niǎo.

3. 哪 只 鹦鹉 最 漂亮？
   Nǎ zhī yīngwǔ zuì piàoliang?

4. 太 棒 了！
   Tài bàng le!

三 短文 Duǎnwén Текст

我 昨天 去了 野生 动物园。我 和爸爸、妈妈、哥哥、姐姐、弟弟、妹妹一起开车去的。动物园 里有很多 野生 动物，有老虎、狮子、大象、猴子、鹦鹉……还 有 大熊猫 呢！野生 动物 非常 可爱，我 最喜欢 大熊猫 了。我弟弟最喜欢 猴子，他说 猴子特别 聪明。我 妹妹 最喜欢

第 19 课　你喜欢养什么宠物
Урок 19　Какие домашние питомцы тебе нравятся

yīngwǔ, tā shuō yīngwǔ tèbié piàoliang. Wǒmen yì jiā wánr de fēicháng kāixīn.
鹦鹉，她说 鹦鹉特别 漂亮。我们 一家玩儿得 非常 开心。

Yǒu shíjiān wǒmen hái yào zài qù.
有 时间 我们 还要 再去。

四　生词表 Shēngcíbiǎo　Новые слова

1.	养	yǎng	v.	держать (животное), заводить
2.	宠物	chǒngwù	n.	домашний питомец
3.	金鱼	jīnyú	n.	золотая рыбка
4.	各种各样	gèzhǒng-gèyàng		разнообразный
5.	狗	gǒu	n.	собака
6.	毛	máo	n.	шерсть
7.	猫	māo	n.	кошка
8.	特别	tèbié	adv.	особенный, особый, специальный
9.	鹦鹉	yīngwǔ	n.	попугай
10.	羽毛	yǔmáo	n.	перо
11.	非常	fēicháng	adv.	очень
12.	野生	yěshēng	adj.	дикий
13.	动物园	dòngwùyuán	n.	зоопарк
14.	动物	dòngwù	n.	животное

15. 老虎	lǎohǔ	*n.*	тигр
16. 狮子	shīzi	*n.*	лев
17. 大象	dàxiàng	*n.*	слон
18. 猴子	hóuzi	*n.*	обезьяна
19. 熊猫	xióngmāo	*n.*	панда
20. 棒	bàng	*adj.*	здорово
21. 开（车）	kāi (chē)	*v.*	водить (машину)
22. 可爱	kě'ài	*adj.*	милый, симпатичный
23. 聪明	cōngming	*adj.*	умный
24. 开心	kāixīn	*adj.*	веселый

五 注释 Zhùshì Комментарии

1. 程度副词 Наречие степени

程度副词可以修饰性质形容词、表示心理活动的动词和部分能愿动词，表示程度。例如：

Наречие степени ставится перед качественными прилагательными, глаголами, выражающие чувства, а также перед некоторыми модальными глаголами. Например:

很美　非常漂亮　很爱　特别喜欢　非常可能　很会

2. 还 «Еще»

表示项目、数量增加，范围扩大。例如：

Употребляя наречие «还», говорящий сообщает о добавлении предмета,

第 19 课　你喜欢养什么宠物
Урок 19　Какие домашние питомцы тебе нравятся

признака, ситуации к ранее названным, или о увеличении количества. Например:

野生动物园里有大象、老虎、猴子，还有大熊猫呢！

六　练习 Liànxí　Упражнения

1. 熟读下列词语并造句　Запомните следующие слова и составьте предложения

（1）非常　美　漂亮　可爱　开心

（2）特别　喜欢　爱　想　怕

2. 按照实际情况回答问题　Ответьте на вопросы

（1）你喜欢养什么宠物？

（2）哪种宠物最可爱？

（3）你去过动物园吗？

（4）在动物园可以看到哪些动物？

（5）你最喜欢的野生动物是什么？

（6）你爸爸最喜欢的野生动物是什么？

3. 用下列词语造句　Составьте предложения, употребляя следующие слова

（1）养　宠物

_____

（2）喜欢　特别

_____

（3）很　开心

_____

（4）漂亮　最

_____

（5）还　买

_____

4. 完成对话　Дополните диалог

A：昨天我们去野生动物园了。

B：动物园里_____动物？

A：有_____，还有_____呢！

B：你最喜欢什么动物？

第 19 课　**你喜欢养什么宠物**

Урок 19　Какие домашние питомцы тебе нравятся

A：我最喜欢_____了。你呢？

B：我最喜欢_____。

A：你爸爸最喜欢什么动物？

B：他最喜欢_____。

5. 说话练习　Развитие речи

说一说你去动物园的经历。

Расскажите о вашем походе в зоопарк.

提示：你什么时候去的动物园，你和谁一起去的动物园，你看到了哪些动物，你最喜欢什么动物。

Когда вы были в зоопарке? С кем вы были? Каких животных вы увидели? Какое животное вам больше всего нравится?

6. 小游戏　Учебная игра

模仿游戏：请一位同学站在讲台上，其他同学问："你最喜欢什么动物？"站在讲台上的同学不能说出来，而是模仿他最喜欢的动物的动作或叫声，让其他同学猜是什么动物。

Один ученик выходит к доске, остальные ученики спрашивают: «Какое животное ты любишь?». Ученик у доски должен без слов показать это животное, можно использовать его крик. Другие ученики должны отгадать это животное и назвать его по-китайски.

第20课 Урок 20
Dì-èrshí kè

Wǒmen qù zhōngcānguǎnr chī fàn hǎo ma
我们去中餐馆儿吃饭好吗
Пойдем пообедать в китайский ресторан, хорошо

一 对话 Duìhuà　Диалоги

（一）

尼古拉 Nígǔlā: Gàosu nǐ yí ge hǎo xiāoxi, wǒmen zài zhè cì zúqiú bǐsài zhōng huòdé le guànjūn!
告诉你一个好消息，我们在这次足球比赛中获得了冠军！

丁玉兰 Dīng Yùlán: Tài bàng le! Zhùhè nǐmen!
太棒了！祝贺你们！

尼古拉 Nígǔlā: Xièxie! Wǒ qǐng kè, wǒmen qù zhōngcānguǎnr chī fàn hǎo ma?
谢谢！我请客，我们去中餐馆儿吃饭好吗？

丁玉兰 Dīng Yùlán: Tài hǎo le! Xièxie! Nǐ yě xǐhuan zhōngcān?
太好了！谢谢！你也喜欢中餐？

尼古拉 Nígǔlā: Fēicháng xǐhuan!
非常喜欢！

丁玉兰 Dīng Yùlán: hǎo wā! Nà wǒ xià cì yě qǐng nǐ qù chī zhōngcān.
好哇！那我下次也请你去吃中餐。

第20课 我们去中餐馆儿吃饭好吗
Урок 20 Пойдем пообедать в китайский ресторан, хорошо

（二）

Nígǔlā: Nǐmen xǐhuan chī shénme? Zánmen měi rén diǎn yí ge cài.
尼古拉：你们喜欢吃什么？咱们每人点一个菜。

Dīng Yùlán: Qǐng gěi wǒ càidān. Diǎn yí ge gōngbǎo jīdīng ba.
丁玉兰：请给我菜单。点一个宫保鸡丁吧。

Nígǔlā: Hǎo de.
尼古拉：好的。

Yóulìyà: Wǒ diǎn yí ge qīngzhēng huánghuāyú.
尤利娅：我点一个清蒸黄花鱼。

Zhāng Huá: Wǒ yào qīngjiāo niúliǔ.
张华：我要青椒牛柳。

Nígǔlā: Wǒ xǐhuan mápó dòufu.
尼古拉：我喜欢麻婆豆腐。

Dīng Yùlán: Hǎo la, cài bù shǎo le, jiù yào zhème duō ba.
丁玉兰：好啦，菜不少了，就要这么多吧。

二 句子 Jùzi Речевые образцы

Gàosu nǐ yí ge hǎo xiāoxi.
1. 告诉你一个好消息。

Wǒ wèn nǐ yí jiàn shìr.
2. 我问你一件事儿。

Wǒ sònggěi Nígǔlā yì běn Hànyǔ cídiǎn.
3. 我送给尼古拉一本汉语词典。

Bàba gěi le wǒ yí ge xīn shǒujī.
4. 爸爸给了我一个新手机。

三 短文 Duǎnwén Текст

Wǒmen zài zhè cì zúqiú bǐsài zhōng huòdé le guànjūn, wǒ tèbié gāoxìng.
我们在这次足球比赛中获得了冠军,我特别高兴。

Wǒ qǐng wǒ de péngyoumen yìqǐ qù zhōngcānguǎnr chī fàn, qìngzhù wǒmen de
我请我的朋友们一起去中餐馆儿吃饭,庆祝我们的

shènglì. Wǒmen diǎn le gōngbǎo jīdīng、qīngzhēng huánghuāyú、qīngjiāo niúliǔ、
胜利。我们点了宫保鸡丁、清蒸黄花鱼、青椒牛柳、

mápó dòufu, hái yào le yì pán jiǎozi. Càidān shang hái yǒu hěn duō hǎochī de
麻婆豆腐,还要了一盘饺子。菜单上还有很多好吃的

cài, yǒu yìxiē càimíng wǒ hái bú rènshi. Zhōngcān yòu hàochī yòu piányi, wǒ de
菜,有一些菜名我还不认识。中餐又好吃又便宜,我的

péngyǒumen dōu hěn xǐhuan chī zhōngcān.
朋友们都很喜欢吃中餐。

四 生词表 Shēngcíbiǎo Новые слова

1. 中餐	zhōngcān	n.	китайская кухня
2. 中餐馆儿	zhōngcānguǎnr	n.	китайский ресторан
3. 告诉	gàosu	v.	сообщать
4. 消息	xiāoxi	n.	новость
5. 足球	zúqiú	n.	футбол
6. 比赛	bǐsài	v.	соревнование, конкурс, матч

第 20 课　我们去中餐馆儿吃饭好吗

Урок 20　Пойдем пообедать в китайский ресторан, хорошо

7. 获得	huòdé	v.	получать
8. 冠军	guànjūn	n.	чемпион
9. 祝贺	zhùhè	v.	поздравлять
10. 请客	qǐng kè		угощать
11. 哇	wā	*partical.*	wow!
12. 咱们	zánmen	*pron.*	мы (инклюзивное)
13. 点（菜）	diǎn (cài)	v.	заказывать (блюдо)
14. 菜	cài	n.	блюдо
15. 菜单	càidān	n.	меню
16. 庆祝	qìngzhù	v.	отмечать, праздновать
17. 胜利	shènglì	v.	побеждать
18. 盘	pán	n.	тарелка
19. 饺子	jiǎozi	n.	цзяоцзы, пельмени
20. 菜名	càimíng	n.	название блюд
21. 宫保鸡丁	gōngbǎo jīdīng		цыпленок гунбао (блюдо сычуаньской кухни из мяса цыпленка с арахисом и перцем чили)
22. 清蒸黄花鱼	qīngzhēng huánghuāyú		большой желтый горбыль на пару
23. 青椒牛柳	qīngjiāo niúliǔ		жареные кусочки говядины с острым зеленым перцем
24. 麻婆豆腐	mápó dòufu		острый соевый творог «мапо тофу» по-сычуаньски (жареный, со свиным или говяжьим фаршем и перцем, в остром соусе)

五 注释 Zhùshì Комментарии

双宾语　Глаголы-сказуемые, принимающие после себя два дополнения

有些动词有时可以带两个宾语：一个指人，叫作间接宾语；一个指物，叫作直接宾语，间接宾语在直接宾语之前。例如：

Некоторые глаголы, выступая в роли сказуемого, принимают после себя два дополнения – прямое и костенное. При этом костенное дополнение, обычно обозначающее лицо, всегда предшествует прямому дополнению, обозначающему предмет. Например:

（1）李老师教我们汉语。
（2）老师问了我们很多问题。

六 练习 Liànxí Упражнения

1. 熟读下列词语并造句　Запомните следующие слова и составьте предложения

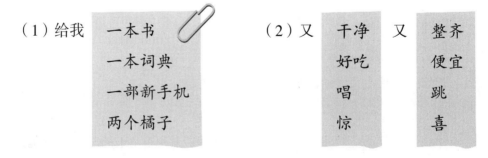

第 20 课　我们去中餐馆儿吃饭好吗
Урок 20　Пойдем пообедать в китайский ресторан, хорошо

2. 按照实际情况回答问题　Ответьте на вопросы

（1）你吃过中餐吗？

（2）你最喜欢的中国菜是什么？

（3）你什么时候会请朋友吃饭？

（4）你最喜欢的本国菜是什么？

（5）你知道本国菜的中文名字吗？

（6）你知道怎么用汉语点菜吗？

3. 用下列词语造句　Составьте предложения, употребляя следующие слова и слосочетания

（1）告诉　好消息
_____

（2）问　问题
_____

（3）好吃　便宜
_____

（4）给　菜单

_____

（5）要　青椒牛柳

_____

4. 完成对话　Дополните диалог

A. 告诉你_____，我们在这次足球比赛中获得了_____。

B. 太棒了！_____你们！

A. 谢谢！我_____，咱们去中餐馆儿吃饭好吗？

B. 好啊！

A. 你最喜欢的中国菜是什么？

B. 我最喜欢_____。你呢？

A. 我最喜欢_____。

5. 说话练习　Развитие речи

谈一谈你去饭馆儿吃饭的经历。

Расскажите о вашем поход в ресторан.

提示：你什么时候去的饭馆儿，和谁一起去的饭馆儿，点了什么菜，你最喜欢的菜是什么。

Когда вы были в ресторане? С кем были? Что вы заказали? Какое блюдо вам больше всего нравится?

第 20 课　我们去中餐馆儿吃饭好吗
Урок 20　Пойдем пообедать в китайский ресторан, хорошо

6. 小游戏　Учебная игра «Заказ блюд»

点菜游戏：模仿在饭馆儿吃饭。同学们围坐一圈，每人点一道菜，点完之后用"又……又……"说出这道菜的特点。学生说不出时，教师可适当提示。

Участники рассаживаются за стол по кругу и изображают ужин в ресторане. Каждый из учеников заказывает какое-либо блюдо, а после заказа называет его особенности с использованием конструкции «又……又……». Преподаватель может делать подсказки ученикам.

Dì-èrshíyī kè 第 21 课 / Урок 21

Qǐng nǐ bāng wǒmen zhào zhāng xiàng hǎo ma
请你帮我们照张相好吗

Вы не можете нас сфотографировать

一 对话 Duìhuà Диалоги

（一）

Yóulìyà: Zhèr de fēngjǐng zhēn búcuò, yǒu shān、yǒu hé, hái yǒu nàme duō
尤利娅：这儿的风景真不错，有山、有河，还有那么多

de shùmù hé xiānhuār, zhēn shì měi jí le!
的树木和鲜花儿，真是美极了！

Zhāng Huá: Shì a, hái yǒu yí zuò nàme piàoliang de xiǎo mùfángzi.
张 华：是啊，还有一座那么漂亮的小木房子。

Yóulìyà: Èn, zánmen yìqǐ zhào zhāng xiàng hǎo ma?
尤利娅：嗯，咱们一起照张相好吗？

Zhāng Huá: Hǎo wa. Qǐng nà wèi cháng tóufa de nǚháir gěi wǒmen zhào ba.
张 华：好哇。请那位长头发的女孩儿给我们照吧。

Yóulìyà: Nǐ hǎo! Máfan nǐ gěi wǒmen zhào zhāng xiàng, kěyǐ ma?
尤利娅：你好！麻烦你给我们照张相，可以吗？

Nǚháir: Dāngrán kěyǐ.
女孩儿：当然可以。

第 21 课　请你帮我们照张相好吗
Урок 21　Вы не можете нас сфотографировать

尤利娅：Fēicháng gǎnxiè!
非常　感谢！

女孩儿：Bú kèqi!
不客气！

（二）

丁玉兰：Nǐ hǎo, Yóulìyà! Nǐ qùguo Ōuzhōu běibù ma?
你好，尤利娅！你去过欧洲北部吗？

尤利娅：Wǒ qùguo hǎojǐ cì ne!
我去过好几次呢！

丁玉兰：Wǒ xiǎng qù Ōuzhōu běibù lǚyóu, qǐng nǐ gěi wǒ jièshào yíxiàr nàr de fēngjǐng hé wénhuà, kěyǐ ma?
我想去欧洲北部旅游，请你给我介绍一下儿那儿的风景和文化，可以吗？

尤利娅：Méi wèntí!
没问题！

丁玉兰：Nà tài hǎo le! Nǐ shénme shíhou yǒu shíjiān?
那太好了！你什么时候有时间？

尤利娅：Míngtiān xiàwǔ zěnmeyàng?
明天下午怎么样？

丁玉兰：Kěyǐ. Tài gǎnxiè nǐ le!
可以。太感谢你了！

尤利娅：Búyòng kèqi!
不用客气！

二 句子 Jùzi Речевые образцы

1. Lǎoshī ràng tā qù kāi huì.
   老师让他去开会。

2. Qǐng nàge nǚháir bāng wǒmen zhào zhāng xiàng.
   请那个女孩儿帮我们照张相。

3. Lǎoshī gǔlì wǒmen hǎohāor xuéxí Hànyǔ.
   老师鼓励我们好好儿学习汉语。

4. Xiàozhǎng pài tā qù Běijīng fǎngwèn.
   校长派他去北京访问。

三 短文 Duǎnwén Текст

Lǎoshī pài wǒ qù Ōuzhōu běibù cānguān fǎngwèn. Wǒ yǐqián méiyǒu qùguo
老师派我去欧洲北部参观访问。我以前没有去过

nàli, suǒyǐ wǒ qǐng Yóulìyà gěi wǒ jièshào le nàli de fēngjǐng hé wénhuà.
那里，所以我请尤利娅给我介绍了那里的风景和文化。

Wǒ wèn le Yóulìyà hěn duō wèntí, tā dōu hěn xìxīn de gěi wǒ zuò le jièshào.
我问了尤利娅很多问题，她都很细心地给我做了介绍。

Wǒ fēicháng gǎnxiè tā! Wǒ zài Ōuzhōu běibù lǚxíng de hěn yúkuài. Wǒ zài hěn
我非常感谢她！我在欧洲北部旅行得很愉快。我在很

duō dìfang qǐng biérén bāng wǒ zhào le xiàng, zhèxiē dìfang hěn piàoliang, wǒ
多地方请别人帮我照了相，这些地方很漂亮，我

第 21 课　请你帮我们照张相好吗
Урок 21　Вы не можете нас сфотографировать

yě hěn xǐhuan nàli de wénhuà. Huídào xuéxiào yǐhòu, lǎoshī hái yào ràng wǒ
也很喜欢那里的文化。回到学校以后，老师还要让我

gěi dàjiā jièshào zhèxiē qíngkuàng ne!
给大家介绍这些情况呢！

四　生词表 Shēngcíbiǎo　Новые слова

№	汉字	Pinyin	词性	Перевод
1	帮	bāng	v.	помогать
2	照	zhào	v.	фотографировать
3	（照）相	xiàng	n.	фото, фотографирование
4	张	zhāng	mw.	счетное слово для предметов с широкой открытой поверхностью, а также раскрывающихся или растягивающихся предметов
5	风景	fēngjǐng	n.	пейзаж
6	河	hé	n.	река
7	鲜花儿	xiānhuār	n.	цветы
8	美	měi	adj.	красивый
9	极	jí	adv.	крайне
10	房子	fángzi	n.	дом
11	麻烦	máfan	v.	беспокоить
12	北部	běibù	n.	север
13	旅游	lǚyóu	v.	путешествовать

14. 介绍	jièshào	v.	представлять
15. 让	ràng	v.	приказывать, позволять, разрешать, пусть
16. 鼓励	gǔlì	v.	поощрять, воодушевлять,
17. 派	pài	v.	отправлять, посылать
18. 访问	fǎngwèn	v.	посещать, навещать
19. 参观	cānguān	v.	посещать
20. 以前	yǐqián	n.	раньше
21. 所以	suǒyǐ	conj.	поэтому
22. 细心	xìxīn	adj.	внимательный
23. 愉快	yúkuài	adj.	радостный
24. 别人	biérén	n.	другой человек
25. 情况	qíngkuàng	n.	обстановка, обстоятельства, ситуация

专有名词 Zhuānyǒu míngcí   Имена собственные

欧洲	Ōuzhōu	Европа

五 注释 Zhùshì Комментарии

1. 兼语句 (jiānyǔjù) Последовательно-связанные предложения

兼语句是指由兼语短语充当谓语或直接成句的句子。兼语短语是由动宾短语和主谓短语套叠在一起构成的，动宾短语的宾语兼作主谓短语的主语。

例如：

Последовательно-связанными называются сложные предложения со сказуемыми, состоящими из двух глагольных конструкций - сказуемого-дополнения и подлежащего-сказуемого, в которых дополнение первого глагола-сказуемого обозначает одновременно и субъект действия второго глагола-сказуемого. Например:

（1）请他先吃饭。

（2）经理让小王去开会。

2. ……怎么样　Конструкция «……怎么样»

常用于询问对方的意见。例如：

Конструкция «……怎么样» часто употребляется для того, чтобы узнать о мнении собеседника или дать ему советы. Например:

（1）咱们坐公交车去怎么样？

（2）去中餐馆儿吃饭怎么样？

六　练习 Liànxí　Упражнения

1. 熟读下列词语并造句　Запомните следующие слова и составьте предложения

（1）请他　吃饭
　　　　　看电影
　　　　　跳舞
　　　　　打篮球

（2）骑自行车　怎么样？
　　　坐公交车
　　　去看电影
　　　去图书馆

2. 按照实际情况回答问题　Ответьте на вопросы

（1）你请别人帮你照过相吗?

（2）你去其他国家旅游过吗?

（3）你最喜欢的地方是哪里?

（4）你最喜欢的地方有哪些美丽的风景?

（5）你最喜欢的地方有哪些特别的文化?

（6）你最喜欢的地方有哪些好吃的东西?

3. 用下列词语造句　Составьте предложения, употребляя следующие слова и словосочетания

（1）帮　照相

_____

（2）风景　美极了

_____

（3）介绍　文化

_____

（4）旅行　愉快

_____

（5）中餐馆儿　怎么样

_____

4. 完成对话　Дополните диалог

A. 这儿风景_____。

B. 咱们在这儿照张相吧。

A. 请那位_____女孩儿帮我们照吧。

B. 你好！_____你帮我们_____，可以吗？

C. _____可以。

B. _____感谢！

C. 不_____。

5. 说话练习　Развитие речи

介绍一个你去过的地方。Расскажите о вашем путешествии.

提示：你什么时候去过那里，那儿有什么美丽的风景，有什么特别的文化，有什么好吃的东西，你在那儿做了什么。

Когда и где вы были? Какой там пейзаж? Вы познакомились с местной культурой? Попробовали ли вкусные блюда? Что вы делали там?

96. 小游戏　Учебная игра «Попроси помощи»

请人帮忙：按照座位顺序依次请下一位同学帮忙。第一位同学请第二位同学帮忙，第二位同学帮第一位同学做完事情以后，再请下一位同学帮他做事。

Ученик должен спросить помощи у следующего ученика по порядку. Первый ученик просит второго ученика помощи в каком-либо деле. После того, как второй ученик помог первому, второй спрашивает следующего ученика.

Duìbuqǐ, wǒ láiwǎn le
对不起，我来晚了

Извини, я опоздал

一 对话 Duìhuà Диалоги

（一）

Nígǔlā: Duìbuqǐ, wǒ láiwǎn le. Hěn bàoqiàn, ràng nǐ děng le zhème jiǔ.
尼古拉：对不起，我来晚了。很抱歉，让你等了这么久。

Dīng Yùlán: Nǐ zěnme chídào le?
丁玉兰：你怎么迟到了？

Nígǔlā: Qǐng yuánliàng, yīnwèi xià dà xuě, lùshang fāshēng le jiāotōng shìgù,
尼古拉：请原谅，因为下大雪，路上发生了交通事故，

jiāotōng dǔsè, suǒyǐ láiwǎn le.
交通堵塞，所以来晚了。

Dīng Yùlán: Nǐ méi shìr ba?
丁玉兰：你没事儿吧？

Nígǔlā: Wǒ méi shìr.
尼古拉：我没事儿。

Dīng Yùlán: Yǒu rén shòu shāng ma?
丁玉兰：有人受伤吗？

Nígǔlā: Yīnwèi xià dà xuě, chēsù hěn màn, suǒyǐ zhǐ yǒu yí ge rén shòu le
尼古拉：因为下大雪，车速很慢，所以只有一个人受了

qīngshāng.
轻伤。

（二）

张华：喂，你好！很抱歉，刚才没接你的电话。

尤利娅：你怎么了？

张华：我的一个朋友突然肚子疼，我因为着急送她去医院，忘了带手机。

尤利娅：她病得很严重吗？

张华：刚才比较严重，现在好多了。

尤利娅：那就好！

张华：你给我打电话有事儿吗？

尤利娅：我就是告诉你，咱们明天的演讲比赛，因为有些同学感冒，推迟到星期天了。

张华：好的，谢谢！

第 22 课　对不起，我来晚了
Урок 22　Извини, я опоздал

二　句子 Jùzi　Речевые образцы

1. 她因为感冒很严重，所以没有去上课。
   Tā yīnwèi gǎnmào hěn yánzhòng, suǒyǐ méiyǒu qù shàng kè.

2. 因为下大雪，所以车速都很慢。
   Yīnwèi xià dà xuě, suǒyǐ chēsù dōu hěn màn.

3. 因为手机没电，我不能打电话了。
   Yīnwèi shǒujī méi diàn, wǒ bù néng dǎ diànhuà le.

4. 她写错了一个字，所以没有得一百分。
   Tā xiěcuò le yí ge zì, suǒyǐ méiyǒu dé yìbǎi fēn.

三　短文 Duǎnwén　Текст

今天因为下大雪，路上的车都开得很慢，但是因为路滑，还是发生了一起交通事故。因为车速慢，事故并不严重，只有一个人受了轻伤。因为救护车来得很及时，受伤的人很快就被送去了医院。因为发生了这一起交通事故，交通堵塞了，我乘坐的公交车开不动，

wǒ shàng kè chídào le. Wǒ Yīnwèi jiāotōng dǔsè chídào, lǎoshī bìng méiyǒu
我 上 课 迟到 了。我 因为 交通 堵塞 迟到，老师 并 没有

pīpíng wǒ.
批评 我。

四 生词表 Shēngcíbiǎo Новые слова

1. 晚	wǎn	*adj.*	поздний
2. 抱歉	bàoqiàn	*adj.*	к сожалению, просить прощения
3. 这么	zhème	*pron.*	так, такой
4. 久	jiǔ	*adj.*	долгий
5. 原谅	yuánliàng	*v.*	извинять, прощать
6. 因为	yīnwèi	*conj.*	потому что
7. 交通	jiāotōng	*n.*	транспорт
8. 事故	shìgù	*n.*	происшествие
9. 堵塞	dǔsè	*v.*	заваливать, заставлять (дорогу)
10. 事儿	shìr	*n.*	дело
11. 受（伤）	shòu (shāng)	*v.*	получать ранение
12. 伤	shāng	*n.*	рана
13. 车速	chēsù	*n.*	скорость движения транспортного средства
14. 慢	màn	*adj.*	медленный

第 22 课　**对不起，我来晚了**
Урок 22　Извини, я опоздал

15.	轻	qīng	*adj.*	легкий, несерьезный
16.	喂	wèi	*intj.*	алло
17.	刚才	gāngcái	*n.*	только что
18.	接（电话）	jiē (diànhuà)	*v.*	отвечать на телефон
19.	突然	tūrán	*adj.*	внезапный, неожиданный
20.	肚子	dùzi	*n.*	живот
21.	着急	zháojí	*adj.*	взволнованный, обеспокоенный
22.	忘	wàng	*v.*	забывать
23.	带	dài	*v.*	нести
24.	送	sòng	*v.*	провожать, провозить
25.	演讲	yǎnjiǎng	*v.*	выступать с речью
26.	救护车	jiùhùchē	*n.*	скорая помощь
27.	动	dòng	*v.*	двигаться
28.	及时	jíshí	*adj.*	своевременный
29.	并	bìng	*adv.*	перед отрицанием отнюдь (не)

五　注释 Zhùshì　Комментарии

1. 因为……所以……　Конструкция «因为……所以……»

表示因果关系。"因为"后表原因，"所以"后表结果。可以在前后句中连用，也可以单用。例如：

Конструкция «因为……所以……» указывает на причинно-следственную связь. В предложении с союзом «因为» указывается причина, а в предложении с союзом «所以» - следствие из этой причины. Эти союзы можно употреблять и парами, и отдельно. Например:

（1）因为下雪，所以车开得很慢。

（2）因为发生了事故，交通堵塞了。

（3）她写错了一个汉字，所以没有考一百分。

2. 怎么 «Как, почему»

1) 怎么 + 动。询问方式。动词不用否定式。例如：

怎么 + глагол: задавать вопрос о способе. Здесь глагол не употребляется в отрицательной форме. Например:

（1）咱们怎么去？

（2）这个字怎么写？

2) 怎么 + 动 / 形。询问原因，等于"为什么"。动词、形容词可以用否定式。例如：

怎么 + глагол/прилагательное: задавать вопрос о причине (синонимично «почему»). Здесь глагол (или прилагательное) можно употреблять в отрицательной форме. Например:

（1）你怎么迟到了？

（2）你的脸怎么红了？

（3）水怎么不热？

3. 并 «Вовсе не»

加强否定语气。放在否定词前边，常用于表示转折的句子中，有否定某种看法、说明真实情况的意味。例如：

Наречие «并» ставится перед отрицательным словом и усиливает отрицание. Оно часто употребляется в предложениях с противопоставленным значением, обозначая отрицание какого-н. высказывания и указание на реальную ситуацию. Например:

（1）这件事儿他并不知道。

（2）他并没去。

六 练习 Liànxí Упражнения

1. 熟读下列词语并造句 Запомните следующие слова и составьте предложения

（1）等了　这么久
　　　　　这么长时间
　　　　　十分钟
　　　　　半个小时

（2）怎么　去上学
　　　　　回家
　　　　　迟到
　　　　　不热

2. 按照实际情况回答问题 Ответьте на вопросы

（1）你的同学怎么迟到了？

（2）你怎么来上学？

（3）你爸爸怎么去上班？

（4）老师下班后怎么回家？

（5）你的朋友怎么生病了？

（6）你的朋友打电话告诉你什么？

3. 用下列词语造句　Составьте предложения, употребляя следующие слова

（1）对不起　迟到
　　_____

（2）抱歉　因为
　　_____

（3）发生　事故
　　_____

（4）生病　严重
　　_____

（5）比赛　推迟
　　_____

4. 完成对话　Дополните диалог

A：对不起，我_____。

B：你_____迟到？

A：因为_____，发生了_____，交通_____，所以我来晚了。

B：你_____吧？

A：我没事儿。

B：有人＿＿＿＿＿吗？

A：因为下大雪，车速都＿＿＿＿，所以只有一个人＿＿＿＿＿。

5. 说话练习　　Развитие речи

介绍一次你来上学或回家路上发生的事情。

Расскажите о случае, который произошел в дороге в школу или домой.

提示：什么时候，发生了什么事情，什么原因，结果怎样。

Когда это произошло? Что произошло? Почему? Какой результат?

6. 小游戏　　Учебная игра «Угадай причину»

猜原因游戏：老师或学生说出一个结果，让大家猜一下儿原因。比如"老师摔倒了""尤利娅请大家吃饭"。

Преподаватель или ученик предлагают результат какого-либо действия, остальные должны угадать причину. Например, «преподаватель упал» или «Юлия приглашает всех покушать».

Nǐ de Hànyǔ jìnbù zhēn dà
你的汉语进步真大

Твой китайский язык значительно улучшился

一 对话 Duìhuà Диалоги

（一）

Dīng Yùlán: Nǐ de Hànyǔ jìnbù zhēn dà! Nǐ de Hànyǔ shuō de yuè lái yuè hǎo le!
丁玉兰： 你的汉语进步真大！你的汉语说得越来越好了！

Nígǔlā: Xièxie! Hànyǔ tīng hé shuō bǐjiào róngyì, dànshì hànzì hé yǔfǎ
尼古拉： 谢谢！汉语听和说比较容易，但是汉字和语法

hěn nán.
很难。

Dīng Yùlán: Hànzì hé yǔfǎ shì yǒudiǎnr nán. Nǐ shì zěnme tígāo nǐ de Hànyǔ
丁玉兰： 汉字和语法是有点儿难。你是怎么提高你的汉语

shuǐpíng de?
水平的？

Nígǔlā: Wǒ jīngcháng gēn Zhōngguó lǎoshī hé péngyou liáo tiānr. Yùdào bú
尼古拉： 我经常跟中国老师和朋友聊天儿。遇到不

rènshi de zì hé cí, wǒ jiù chá cídiǎn.
认识的字和词，我就查词典。

第23课　你的汉语进步真大

Урок 23　Твой китайский язык значительно улучшился

Dīng Yùlán: Guàibude nǐ de Hànyǔ shuǐpíng tígāo de zhème kuài, nǐ zhǎodào le
丁玉兰：怪不得你的汉语水平提高得这么快，你找到了

xuéxí Hànyǔ de hǎo fāngfǎ.
学习汉语的好方法。

Nígǔlā: Zhè hái yào gǎnxiè wǒ de Zhōngguó lǎoshī hé péngyou!
尼古拉：这还要感谢我的中国老师和朋友！

（二）

Nígǔlā: Nǐ de fángjiān bùzhì de zhēn piàoliang!
尼古拉：你的房间布置得真漂亮！

Zhāng Huá: Mǎmǎhūhū ba.
张　华：马马虎虎吧。

Nígǔlā: Zhè zhāng huàr huà de hěn hǎokàn. Shì shuí huà de?
尼古拉：这张画儿画得很好看。是谁画的？

Zhāng Huá: Shì wǒ péngyou de bàba, tā shì yí wèi huàjiā.
张　华：是我朋友的爸爸，他是一位画家。

Nígǔlā: Zhèxiē zì shì nǐ xiě de ma? Xiě de zhēn hǎo!
尼古拉：这些字是你写的吗？写得真好！

Zhāng Huá: Xièxie! Shì wǒ xiě de.
张　华：谢谢！是我写的。

Nígǔlā: Nǐ yǒu shíjiān de shíhou gěi wǒ xiě yì fú zì, kěyǐ ma?
尼古拉：你有时间的时候给我写一幅字，可以吗？

Zhāng Huá: Dāngrán kěyǐ, zhǐyào nǐ bù xián nánkàn.
张　华：当然可以，只要你不嫌难看。

Nígǔlā: Dāngrán bú huì, nǐ xiě de hěn hǎokàn. Xièxie nǐ!
尼古拉：当然不会，你写得很好看。谢谢你！

Zhāng Huá: Bú kèqi!
张　华：不客气！

二　句子 Jùzi　Речевые образцы

Nà fú huàr huà de hěn piàoliang.
1. 那幅画儿画得很漂亮。

Zhāng Huá de zì xiě de hěn hǎokàn.
2. 张　华的字写得很好看。

Ōuzhōu běibù de fēngjǐng měijí le!
3. 欧洲北部的风景美极了！

Tā bǎ yīfu xǐhǎo le.
4. 她把衣服洗好了。

三　短文 Duǎnwén　Текст

Zhāng Huá de fángjiān bùzhì de hěn piàoliang. Zhuōzi、yǐzi hěn gānjìng.
张　华的房间布置得很漂亮。桌子、椅子很干净。

Qiáng shang yǒu yì fú huàr, huà de hěn hǎokàn, shì tā péngyou de bàba
墙　上　有一幅画儿，画得很好看，是他朋友的爸爸

huà de. Qiáng shang hái yǒu yì fú Zhōngguó shūfǎ, shì Zhāng Huá zìjǐ xiě de,
画的。墙　上　还有一幅中国书法，是张华自己写的，

第23课　你的汉语进步真大

Урок 23　Твой китайский язык значительно улучшился

xiě de hěn hǎo. Wǒ qǐng tā yǒu shíjiān de shíhou gěi wǒ xiě yì fú zì, tā shuō
写得很好。我请他有时间的时候给我写一幅字，他说

kěyǐ. Wǒ yǒu shíjiān yě yào xuéxí Zhōngguóhuà hé Zhōngguó shūfǎ, hái yǒu
可以。我有时间也要学习中国画和中国书法，还有

tàijíquán, wǒ duì Zhōngguó wénhuà fēicháng gǎn xìngqù. Yǒu shíjiān wǒ yào qù
太极拳，我对中国文化非常感兴趣。有时间我要去

Zhōngguó lǚyóu, liǎojiě Zhōngguó wénhuà.
中国旅游，了解中国文化。

四　生词表 Shēngcíbiǎo　Новые слова

1. 进步	jìnbù	v.	прогрессировать, улучшиться
2. 越来越	yuè lái yuè		всё больше и больше
3. 汉字	Hànzì	n.	китайский иероглиф
4. 难	nán	adj.	трудный
5. 是	shì	v.	*подчеркивает утвердительный характер высказывание*
6. 水平	shuǐpíng	n.	уровень
7. 提高	tígāo	v.	повышать
8. 聊天儿	liáo tiānr		болтать, поговорить
9. 遇到	yùdào	v.	встречаться
10. 词	cí	n.	слово

11.	词典	cídiǎn	n.	словарь
12.	怪不得	guàibude	adv.	нечему удивляться, неудивительно
13.	方法	fāngfǎ	n.	способ, метод
14.	布置	bùzhì	v.	размещать
15.	马马虎虎	mǎmǎhūhū	adj.	так себе
16.	画	huà	n. / v.	рисовать; рисунок
17.	画家	huàjiā	n.	художник
18.	幅	fú	mw.	*счетное слово для полотен, картин, плакатов и т.п.*
19.	嫌	xián	v.	быть недовольным
20.	难看	nánkàn	adj.	некрасивый, дурной
21.	椅子	yǐzi	n.	стул
22.	干净	gānjìng	adj.	чистый
23.	墙	qiáng	n.	стена
24.	了解	liǎojiě	v.	узнавать, знакомиться

五 注释 Zhùshì Комментарии

1. 补语 Дополнение

表示动作行为产生的结果、性质状态的程度、动作性状呈现出来的情态、动作行为的走向或方位、动作行为的次数或持续的时间、动作实现的可

第 23 课　你的汉语进步真大
Урок 23　Твой китайский язык значительно улучшился

能性、动作行为发生的时间或处所等。汉语的补语放在动词或形容词后。例如：

Дополнение в китайском языке может обозначать результат действия, степень признака, состояние действия, направление действия, продолжительность или кратность действия, возможность реализации действия, время или место действия и т. д. Дополнение обычно ставится после глагола или прилагательного. Например:

（1）我来晚了。（结果）(результат)

（2）这里美极了。（程度）(степень)

（3）车都开得很慢。（情态）(состояние)

（4）老师走进了教室。（趋向）(направление)

（5）这些汉字要写两遍。（数量）(кратность)

（6）这件事你说得清楚吗？（可能）(возможность реализации)

（7）这件事发生在 2018 年。（时间）(время)

2. 越来越……　«Всё больше и больше»

表示程度随时间的推移而变化。只能有一个主语。例如：

Конструкция «越来越……» обозначает, что степени признака изменяется (увеличивается или уменьшается) по течению времени. В такой конструкции можно употреблять только одно подлежащее. Например:

（1）天气越来越热了。

（2）声音越来越小。

3. 马马虎虎　«Так себе»

1）指还过得去。常用于表示谦虚。例如：

Обозначает «не так хорошо, но и не плохо; так себе». Часто употребляется как ответ на комплимент. Например:

A：你的字写得真好！

B：马马虎虎吧。

2）形容做事不认真，不仔细。例如：

Обозначает «небрежно». Например:

他做事情总是马马虎虎的。

4. 怪不得　«Нечему удивляться, неудивительно»

表示醒悟（明白了原因，不再觉得奇怪）。前后常有表明原因的语句。例如：

Устойчивое выражение «怪不得» обозначает «опомниться» (причина ясно, и больше нечему удивляться). В контексте обычно существуют предложения, которые указывают на причину. Например:

（1）怪不得这么冷，下大雪了。

（2）怪不得你汉语提高得这么快，你找到了学习汉语的好方法。

六 练习 Liànxí　Упражнения

1. 熟读下列词语并造句　Запомните следующие слова и составьте предложения

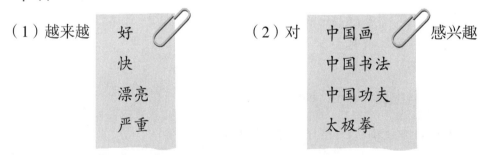

（1）越来越　好／快／漂亮／严重

（2）对　中国画／中国书法／中国功夫／太极拳　感兴趣

2. 按照实际情况回答问题　Ответьте на вопросы

（1）你的汉语说得怎么样？

第 23 课　你的汉语进步真大

Урок 23　Твой китайский язык значительно улучшился

（2）汉字和语法难吗?

（3）你经常跟中国朋友聊天儿吗?

（4）你看过中国功夫的电影吗?

（5）你会画中国画吗?

（6）你会写毛笔字吗?

3. 用下列词语造句　Составьте предложения, употребляя следующие слова и словосочетания

（1）汉语　进步
_____

（2）越来越　漂亮
_____

（3）风景　美
_____

（4）怪不得
_____

（5）对　感兴趣
_____

4. 完成对话　Дополните диалог

A：你的汉语_____真大！

B：谢谢！

A：你是怎么提高你的_____的？

B：我经常跟中国朋友_____，_____不认识的字或词就查词典。

A：_____你汉语提高得这么快，你找到了学习汉语的_____。

B：这还要感谢我的_____。

5. 说话练习　Развитие речи

介绍一下儿你的房间。

Расскажите о вашей комнате.

提示：你的房间里有什么，怎样布置的，有没有画儿或者书法作品。

Что есть в вашей комнате? Как она обставлена? Есть в комнате каллиграфия или живопись?

6. 小游戏　Учебная игра «Чья эта комната?»

猜是谁的房间：让每位同学把自己的房间画下来，老师收集上来，抽取其中的一幅，让学生先描述这个房间，然后猜是谁的。猜中后换下一幅。

Каждый ученик рисует свою комнату на листе, после чего преподаватель собирает их и показывает любой из листов. Ученики должны сначала описать данную комнату, а затем угадать, кому она принадлежит. После верного ответа преподаватель меняет лист.

Zhù nǐmen yílù píng'ān
祝你们一路平安

Желаю вам счастливого пути

一 对话 Duìhuà Диалоги

（一）

Dīng Yùlán: Shíjiān guò de zhēn kuài, wǒmen huí guó de rìzi yuè lái yuè jìn le.
丁玉兰： 时间过得真快，我们回国的日子越来越近了。

Nígǔlā: Shì a, zhēn shěbude nǐmen!
尼古拉： 是啊，真舍不得你们！

Dīng Yùlán: Wǒmen yě shěbude nǐmen. Sòng nǐ zhè fú Zhōngguóhuà liúzuò
丁玉兰： 我们也舍不得你们。送你这幅中国画留作

jìniàn ba.
纪念吧。

Nígǔlā: Xièxie! Nǐ de xíngli shōushi de zěnmeyàng le?
尼古拉： 谢谢！你的行李收拾得怎么样了？

Dīng Yùlán: Hái yǒu jǐ tiān, wǒ mànman shōushi ba.
丁玉兰： 还有几天，我慢慢收拾吧。

Nígǔlā: Xūyào wǒ bāng máng ma?
尼古拉： 需要我帮忙吗？

Dīng Yùlán: Búyòng le, xièxie!
丁玉兰： 不用了，谢谢！

（二）

Dīng Yùlán: Xièxie nǐmen bǎ wǒmen sòngdào jīchǎng.
丁玉兰： 谢谢你们把我们送到机场。

Nígǔlā: Bú kèqi! Nǐmen yào gēn wǒmen cháng liánxì!
尼古拉： 不客气！你们要跟我们常联系！

Dīng Yùlán: Fàng xīn ba, wǒmen yí xià fēijī jiù gěi nǐmen fā xìnxī.
丁玉兰： 放心吧，我们一下飞机就给你们发信息。

Nígǔlā: Nǐmen de xíngli dōu náhǎo le ma?
尼古拉： 你们的行李都拿好了吗？

Dīng Yùlán: Dōu náhǎo le.
丁玉兰： 都拿好了。

Nígǔlā: Xiànzài kāishǐ dēng jī le. Zhù nǐmen yílù píng'ān! Zàijiàn!
尼古拉： 现在开始登机了。祝你们一路平安！再见！

Dīng Yùlán: Xièxie! Zánmen Běijīng jiàn!
丁玉兰： 谢谢！咱们北京见！

Nígǔlā: Hǎo de, Běijīng jiàn!
尼古拉： 好的，北京见！

二 句子 Jùzi　Речевые образцы

Wǒmen shěbude nǐ.
1. 我们舍不得你。

Wǒmen shěbude nǐ líkāi.
2. 我们舍不得你离开。

第24课 祝你们一路平安
Урок 24 Желаю вам счастливого пути

Tā yì tīngdào zhège xiāoxi jiù xiào le.
3. 她一听到这个消息就笑了。

Wǒ yí dào Běijīng jiù gěi nǐ dǎ diànhuà.
4. 我一到北京就给打你电话。

三 短文 Duǎnwén Текст

Shíjiān guò de zhēn kuài, Zhōngguó péngyou huí guó de rìzi yuè lái yuè
时间过得真快，中国朋友回国的日子越来越

jìn le. Tāmen yí dào zhèli wǒmen jiù chéng le hǎo péngyou, tāmen jiāo wǒmen
近了。他们一到这里我们就成了好朋友，他们教我们

Hànyǔ、Zhōngguóhuà、Zhōngguó shūfǎ, hái yǒu tàijíquán, wǒmen jiāo tāmen
汉语、中国画、中国书法，还有太极拳，我们教他们

Éyǔ. Jīntiān Dīng Yùlán lái gēn wǒ gàobié, tā sònggěi wǒ yì fú Zhōngguóhuà
俄语。今天丁玉兰来跟我告别，她送给我一幅中国画

liúzuò jìniàn. Wǒ shěbude tāmen, qǐng tāmen búyào wàngjì wǒ, yào cháng
留作纪念。我舍不得他们，请他们不要忘记我，要常

liánxì. Dīng Yùlán shuō tā yí xià fēijī jiù gěi wǒmen fā xìnxī. Zàijiàn le,
联系。丁玉兰说她一下飞机就给我们发信息。再见了，

Zhōngguó péngyou, zhù nǐmen yílù píng'ān! Zánmen Běijīng jiàn!
中国朋友，祝你们一路平安！咱们北京见！

四 生词表 Shēngcíbiǎo Новые слова

1.	一路平安	yílù píng'ān	Счастливого пути!
2.	日子	rìzi	n.	день
3.	舍不得	shěbude	v.	сожалеть; жалко
4.	留作	liúzuò	v.	оставлять для (чего)
5.	纪念	jìniàn	n.	в память
6.	行李	xíngli	n.	багаж
7.	收拾	shōushi	v.	собирать
8.	需要	xūyào	v.	нуждаться
9.	帮忙	bāng máng		помогать
10.	机场	jīchǎng	n.	аэропорт
11.	常	cháng	adv.	часто
12.	放心	fàng xīn		здесь: не беспокойся
13.	发	fā	v.	посылать
14.	信息	xìnxī	n.	сообщение
15.	拿	ná	v.	нести
16.	开始	kāishǐ	v.	начинать
17.	登机	dēng jī		идти на посадку на самолет
18.	离开	lí kāi		уходить, уезжать
19.	成	chéng	v.	становиться

第 24 课　祝你们一路平安
Урок 24　Желаю вам счастливого пути

20.	教	jiāo	v.	преподавать
21.	告别	gàobié	v.	прощаться
22.	忘记	wàngjì	v.	забывать

五　注释 Zhùshì　Комментарии

1. 一路平安　«Счастливого пути!»

告别用语。常见的告别用语有：一路平安、一路顺风、保重、常联系等。

Устойчивое выражение «Счастливого пути!» употребляется при прощании. Существуют такие популярные прощальные фразы: 一路平安 (На всем пути благополучия!), 一路顺风 (Попутного ветра!), 保重 (Береги себя!), 常联系 (Оставаться на связи) и т.д.

2. 舍不得　«Жалко»

1）不忍分离。可带名词、动词作宾语。例如：

Обозначается «не хотеть расстаться (с кем-чем)». Например:

（1）我舍不得你。

（2）我舍不得离开。

2）因爱惜而不忍抛弃或使用。可带名词、动词作宾语。例如：

Обозначается «не хотеть потратить, бросить, воспользоваться и т. д.». В обоих случаях «舍不得» принимает существительное или глагол в качестве дополнения. Например:

（1）舍不得钱买东西。

（2）那支毛笔是中国朋友送给他的，他一直舍不得用。

3. 一……就…… «Как только...»

1）前后两个动词不同，表示一种动作或情况出现后紧接着发生另一种动作或情况。例如：

Конструкция «一……就……», в которой употребляются два разных глагола, обозначает, что второе действие происходит непосредственно за первым. Например:

（1）他一到办公室就开始工作。

（2）她一说我就懂了。

2）前后两个动词相同，共用一个主语。表示动作一经发生就达到某种程度，或有某种结果。例如：

Конструкция «一……就……», в которой повторяется один и тот же глагол при общем субъекте, обозначает, что действие сразу достигло какого-то степени или результата. Например:

他一讲就能讲两个小时。

六 练习 Liànxí Упражнения

1. 熟读下列词语并造句 Запомните следующие слова и составьте предложения

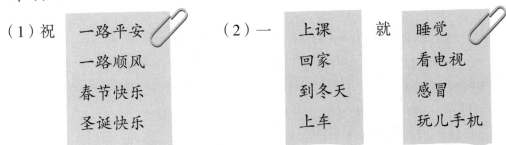

（1）祝　一路平安
　　　　一路顺风
　　　　春节快乐
　　　　圣诞快乐

（2）一　上课　就　睡觉
　　　　回家　　　看电视
　　　　到冬天　　感冒
　　　　上车　　　玩儿手机

第 24 课　祝你们一路平安

Урок 24　Желаю вам счастливого пути

2. 按照实际情况回答问题　Ответьте на вопросы

（1）你有中国朋友吗？

（2）你去过中国吗？

（3）你愿意去中国旅游吗？

（4）你愿意去中国学习汉语吗？

（5）你看过中国功夫的电影吗？

（6）你在跟朋友告别时会说什么？

3. 用下列词语造句　Составьте предложения, употребляя следующие слова и словосочетания

（1）祝　一路平安
_____

（2）舍不得
_____

（3）一　就
_____

（4）中国画　纪念
_____

（5）行李　收拾

　　_____

4. 完成对话　Дополните диалог

A：谢谢你们把我们送到_____。

B：不客气！你们要跟我们_____！

A：放心吧，我们_____下飞机_____给你们_____。

B：你们的行李都拿好了吗？

A：都拿好了。你们多_____！

B：你们也多_____！现在开始_____了。祝你们_____！再见！

A：谢谢！咱们_____见！

B：好的，_____见！

5. 说话练习　Развитие речи

说一次你送别亲人或朋友的经历。

Расскажите о прощании с родными или друзьями.

提示：送别谁，他去哪里，你说了什么，他说了什么。

С кем вы прощались? Куда он уехал? Что вы ему сказали? Что он вам сказал?

6. 小游戏　Учебная игра «Угадай слово»

猜词游戏：把全班分为若干组，每组轮流出两位学生上台，一位背对黑板，一位面向黑板。老师在黑板上写一个词，面向黑板的学生可以描述，可

第 24 课　祝你们一路平安
Урок 24　Желаю вам счастливого пути

以做动作，但不可以说出词中的任何一个字。背对黑板的学生根据面向黑板学生的描述或动作猜词，猜对即得分，实在猜不中可以喊"过"。最终猜对最多的组获胜。

Весь класс делится на несколько групп, каждая группа выбирает двух человек, которые выходят к доске, первый встаёт спиной к доске, второй – лицом к доске. Преподаватель пишет случайные иероглифы на доске. Второй человек без слов должен изобразить любой из написанных иероглифов, а первый должен его отгадать. В случае верного ответа начисляется один балл. Если первый человек не может отгадать иероглиф, то он может сказать «过» («следующий»). Побеждает та группа, которая отгадала большее количество иероглифов.

复习题四
Задания для повторения (4)

一、给下列词语注上拼音 Транскрибируйте следующие слова

1. 宠物 _____
2. 聪明 _____
3. 菜单 _____
4. 胜利 _____
5. 告诉 _____
6. 鲜花儿 _____
7. 愉快 _____
8. 原谅 _____
9. 聊天儿 _____
10. 飞机 _____

二、根据所给拼音写出词语 Запишите иероглифами следующие слова

1. fēicháng _____
2. kě'ài _____
3. qìngzhù _____
4. xiāoxi _____
5. fēngjǐng _____
6. jièshào _____
7. fǎngwèn _____
8. gāngcái _____
9. zháojí _____
10. fāngfǎ _____

三、选词填空 Выберите нужное слово и заполните пропуски

各种各样　非常　好吃　极　细心

1. 中餐又_____又便宜。
2. 商店里有_____颜色的衣服。
3. 鹦鹉的羽毛_____漂亮。

4. 尤利娅很_____地给我做了介绍。

5. 那里的风景美_____了。

告诉　迟到　推迟　发生　进步

6. 明天的演讲比赛_____到星期六了。

7. 因为下大雪，路上_____了一起交通事故。

8. 他的汉语_____真大。

9. 因为起床晚，他上课_____了。

10. 尤利娅_____了我一个好消息。

四、把括号里的词填入合适位置　Вставьте слова в скобках в нужное место

1. 尼古拉 A 喜欢 B 养 C 小猫。（特别）

2. 我们 A 一家 B 玩儿得 C 开心。（非常）

3. A 很抱歉，让你 B 等了 C 久。（这么）

4. A 下大雪，B 车速 C 都很慢。（因为）

5. 汉语 A 听和说 B 容易 C。（比较）

6. 我们 A 回国的 B 日子 C 近了。（越来越）

7. A 你的行李 B 收拾得 C 了？（怎么样）

8. 我一 A 到北京 B 给你 C 打电话。（就）

9. 你的房间 A 布置 B 得 C 漂亮。（真）

10. A 老师 B 我 C 去欧洲北部参观访问。（派）

五、用所给词语组句　Составьте предложения, употребляя следующие слова и словосочетания

1. 喜欢　最　大熊猫　我

_____

2. 猴子　聪明　特别　他说
_____

3. 一个　你　告诉　消息　好
_____

4. 什么　你们　吃　喜欢
_____

5. 风景　这儿　不错　的　真
_____

6. 迟到　怎么　了　你
_____

7. 病得　她　很　吗　严重
_____

8. 汉字　难　语法　和　有点儿
_____

9. 聊天儿　我　中国朋友　跟　经常
_____

10. 有　墙上　中国画　一幅
_____

六、用所给词语造句　Составьте предложения, употребляя следующие слова и словосочетания

1. 可爱
_____

2. 又……又……
_____

复习题四
Задания для повторения (4)

3. 麻烦
_____

4. 怎么样
_____

5. 因为……所以……
_____

6. 怪不得
_____

7. 好看
_____

8. 舍不得
_____

9. 一……就……
_____

10. 忘记
_____

七、完成对话　Дополните диалоги

（一）

尼古拉：对不起，我来_____了。很抱歉，让你等了_____久。

丁玉兰：你怎么_____了？

尼古拉：请_____，因为下大雪，路上_____了交通事故，交通堵塞，所以来晚了。

丁玉兰：你没事儿吧？

尼古拉：我没事儿。

249

（二）

尼古拉：_____你一个好消息，我这次汉语考试得了一百分！

丁玉兰：太棒了！_____你！

尼古拉：谢谢！我_____，我们去中餐馆儿吃饭好吗？

丁玉兰：太好了！谢谢！你_____喜欢中餐？

尼古拉：非常喜欢！

丁玉兰：好哇！那我下次也_____你去吃中餐。

八、阅读对话或短文，回答问题　Прочитайте диалог и текст, ответьте на вопросы

（一）

丁玉兰：你好，尤利娅！你去过欧洲北部吗？

尤利娅：我去过好几次呢！

丁玉兰：我想去欧洲北部旅游，请你给我介绍一下儿那儿的风景和文化，可以吗？

尤利娅：没问题！

丁玉兰：那太好了！你什么时候有时间？

尤利娅：明天下午怎么样？

丁玉兰：可以。太感谢你了！

尤利娅：不用客气！

根据对话回答问题　Ответьте на вопросы по диалогу

1. 丁玉兰去过欧洲北部吗？

2. 尤利娅去过欧洲北部几次？

3. 丁玉兰请尤利娅给她介绍什么？

4. 尤利娅是怎么回答丁玉兰的？

5. 尤利娅什么时候有时间？

（二）

丁玉兰一到这里就跟我成了好朋友，她教我汉语、中国画和中国书法，我教她俄语。时间过得真快，明天她就要回国了。今天她来跟我告别，她送给我一幅中国画留作纪念。我很舍不得她，请她不要忘记我，要常联系。她说一下飞机就给我发信息。再见，玉兰，咱们北京见！

根据短文回答问题　Ответьте на вопросы по тексту

6. 丁玉兰教我什么？

7. 丁玉兰什么时候回国？

8. 丁玉兰什么时候来跟我告别？

9. 丁玉兰送给我什么留作纪念？

10. 丁玉兰说她什么时候给我发信息？

生词总表

Сводный словарь

A

| 啊 | à | *intj.* | межд. выражающее удивление | 5 |
| 爱 | ài | *v.* | любовь | 6 |

B

八	bā	*num.*	восемь	1
巴	bā		обычно употребляется в транскрипции заимствованных слов	6
吧	ba	*aux.*	выражает побуждение или предположение	5
白	bái	*adj.*	белый	1
白色	báisè	*n.*	белый цвет	11
拜年	bài nián		поздравлять с Новым годом	12
半	bàn	*num.*	половина, полу-	6
帮	bāng	*v.*	помогать	21
帮忙	bāng máng		помогать	24
帮助	bāngzhù	*v.*	помогать	17
棒	bàng	*adj.*	здорово	19
包	bāo	*n.*	сумка	8
抱歉	bàoqiàn	*adj.*	к сожалению, просить прощения	22
杯子	bēizi	*n.*	стакан, чашка	9

生词总表
Обобщенная таблица новых словах

背	bēi	v.	носить на спине	14
北边	běibian	n.	север	8
北部	běibù	n.	север	21
被	bèi	prep.	*показатель пассива*	9
比较	bǐjiào	adv.	сравнительно, относительно	15
比如	bǐrú	v.	например	10
比赛	bǐsài	v.	соревнование, конкурс, матч	20
鞭炮	biānpào	n.	хлопушка	12
别的	bié de		другой, чужой	13
别人	biérén	n.	другой человек	21
并	bìng	adv.	перед отрицанием отнюдь (не)	22
病	bìng	n.	болезнь	16
不	bù	adv.	нет	3
不错	búcuò	adj.	неплохо	17
不见不散	bújiàn bú sàn		До встречи! (*бук. Не разойдемся пока не увидимся.*)	17
不久	bùjiǔ	adj.	недавно	14
不用	búyòng	adv.	не надо	5
布置	bùzhì	v.	размещать	23

C

菜	cài	n.	блюдо	20
菜单	càidān	n.	меню	20
菜名	càimíng	n.	название блюд	20
参观	cānguān	v.	посещать	21
参加	cānjiā	v.	участвовать	12

操场	cāochǎng	n.	спортивная площадка	8
草	cǎo	n.	трава	5
草地	cǎodì	n.	луг	13
草莓	cǎoméi	n.	клубника, земляника	10
查	chá	v.	искать	7
差	chà	v.	недоставать, *здесь*: без	6
差不多	chàbuduō	adv.	почти	15
长	cháng	adj.	длинный	3
常	cháng	adv.	часто	24
超市	chāoshì	n.	супермаркет	7
车	chē	n.	машина, телега	5
车速	chēsù	n.	скорость движения транспортного средства	22
衬衫	chènshān	n.	рубашка	14
成	chéng	v.	становиться	24
橙色	chéngsè	n.	оранжевый цвет	13
吃	chī	v.	есть	5
迟到	chídào	v.	опаздывать	9
虫	chóng	n.	насекомое	5
宠物	chǒngwù	n.	домашний питомец	19
出	chū	v.	выходить, выехать	3
出去	chū qu		уходить	14
穿	chuān	v.	надевать, одеваться	14
传统	chuántǒng	adj.	традиция	12
船	chuán	n.	лодка, паровоз, судно	18
春	chūn	n.	весна	4

生词总表
Обобщенная таблица новых словах

春联	chūnlián	n.	парные полосы красной бумаги с новогодними пожеланиями (*вывешиваются на дверях дома*)	12
春天	chūntiān	n.	весна	15
词	cí	n.	слово	23
词典	cídiǎn	n.	словарь	23
次	cì	mw.	раз	12
聪明	cōngming	adj.	умный	19

D

打	dǎ	v.	бить, ударять	9
打电话	dǎ diànhuà		звонить по телефону	17
打工	dǎ gōng		подрабатывать	18
打算	dǎsuàn	v. / n.	собираться (что делать), намереваться; намерение	18
大	dà	adj.	большой, крупный, огромный	1
大概	dàgài	adv.	наверное	14
大海	dàhǎi	n.	море	13
大象	dàxiàng	n.	слон	19
大学生	dàxuéshēng	n.	студент	7
带	dài	v.	нести	22
戴	dài	v.	носить	14
蛋糕	dàngāo	n.	торт, кейк	10
当	dāng	v.	быть (кем), работать (кем), стать	9
当然	dāngrán	adv.	конечно	9
到	dào	v.	доходить, доезжать	7

登机	dēng jī		идти на посадку на самолет	24
等	děng	aux.	и так далее	10
地	dì	n.	земля	4
地方	dìfang	n.	место	9
弟弟	dìdi	n.	младший брат	4
点	diǎn	n.	час	6
点（菜）	diǎn (cài)	v.	заказывать (блюдо)	20
点儿	diǎnr	mw.	точка, пятнышко	11
电视	diànshì	n.	телевизор, телевидение	18
东边	dōngbian	n.	восток	8
东西	dōngxi	n.	вещь	7
冬	dōng	n.	зима	4
冬天	dōngtiān	n.	зима	15
动	dòng	v.	двигаться	22
动物	dòngwù	n.	животное	19
动物园	dòngwùyuán	n.	зоопарк	19
都	dōu	adv.	все	16
堵塞	dǔsè	v.	заваливать, заставлять (дорогу)	22
肚子	dùzi	n.	живот	22
度	dù	mw.	градус	15
对	duì	adj.	правильный, верный	3
对	duì	prep.	для	17
多	duō	adj.	много	2
多少	duōshao	pron.	сколько	11

生词总表

Обобщенная таблица новых словах

E	儿	ér	*n.*	ребенок, сын	6
	耳	ěr	*n.*	ухо	2
	二	èr	*num.*	два	1
F	发	fā	*v.*	посылать	24
	发烧	fā shāo		(у кого) высокая температура	16
	饭	fàn	*n.*	обед	5
	方法	fāngfǎ	*n.*	способ, метод	23
	房间	fángjiān	*n.*	комната	7
	房子	fángzi	*n.*	дом	21
	访问	fǎngwèn	*v.*	посещать, навещать	21
	放	fàng	*v.*	пускать, отпускать, выпускать	12
	放心	fàng xīn		здесь: не беспокойся	24
	飞	fēi	*v.*	летать, летить	3
	飞机	fēijī	*n.*	самолет	18
	非常	fēicháng	*adv.*	очень	19
	分	fēn	*n.*	минута	6
	风	fēng	*n.*	ветер	4
	风景	fēngjǐng	*n.*	пейзаж	21
	幅	fú	*mw.*	*счетное слово для полотен, картин, плакатов и т.п.*	23
	父母	fùmǔ	*n.*	родители	18
	副	fù	*mw.*	*счетное слово для очков, перчаток и т. д.*	14

257

G

干净	gānjìng	adj.	чистый	23
感冒	gǎnmào	v.	простужаться	16
感谢	gǎnxiè	v.	благодарить	14
感兴趣	gǎn xìngqù		интересоваться	17
干	gàn	v.	делать	18
刚才	gāngcái	n.	только что	22
高	gāo	adj.	высокий	5
高兴	gāoxìng	adj.	радостный	2
告别	gàobié	v.	прощаться	24
告诉	gàosu	v.	сообщать	20
哥哥	gēge	n.	старший брат	4
个	gè	mv.	*универсальное счетное слово*: штука	4
个子	gèzi	n.	рост	14
各种各样	gèzhǒng-gèyàng		разнообразный	19
给	gěi	prep.	*указывает на косвенное дополнение*: для	9
给	gěi	v.	давать	11
跟	gēn	prep.	с	17
更	gèng	adv.	более	18
工	gōng		работа, труд	1
工作	gōngzuò	n./v.	работа; работать	4
公交车	gōngjiāochē	n.	автобус	8
宫保鸡丁	gōngbǎo jīdīng		цыпленок гунбао (блюдо сычуаньской кухни из мяса цыпленка с арахисом и перцем чили)	20
狗	gǒu	n.	собака	19

生词总表
Обобщенная таблица новых словах

够	gòu	v.	достаточный	18
鼓励	gǔlì	v.	поощрять, воодушевлять,	21
怪不得	guàibude	adv.	нечему удивляться, неудивительно	23
冠军	guànjūn	n.	чемпион	20
贵	guì	adj.	дорогой, ценный	11
贵姓	guìxìng	n.	Как Ваша фамилия?	2
国	guó	n.	страна, государство	3
过	guò	v.	переходить, переезжать	8

H 还	hái	adv.	еще	10
寒假	hánjià	n.	зимние каникулы	18
汉语	Hànyǔ	n.	китайский язык	9
汉字	Hànzì	n.	китайский иероглиф	23
好	hǎo	adj.	хорошо	1
好看	hǎokàn	adj.	красивый	13
好玩儿	hǎowánr	adj.	интересный, занимательный	9
号	hào	n.	число	5
禾	hé	n.	злак	3
和	hé	conj.	*соединительный союз*: и, да	4
河	hé	n.	река	21
黑	hēi	adj.	черный	6
很	hěn	adv.	очень, весьма, вполне	1
红	hóng	adj.	красный	6
红色	hóngsè	n.	красный цвет	11
猴子	hóuzi	n.	обезьяна	19

后	hòu	n.	за	6
湖	hú	n.	озеро	8
互相	hùxiāng	adv.	друг друга	12
护士	hùshi	n.	медсестра	4
花	huā	n.	цветок	3
花园	huāyuán	n.	сад	8
滑雪	huá xuě		кататься на лыжах	15
画	huà	n. / v.	рисовать; рисунок	23
画家	huàjiā	n.	художник	23
欢迎	huānyíng	v.	приветствовать	11
还	huán	v.	возвращать	9
黄	huáng	n.	желтый	6
灰	huī	adj.	серый	13
回	huí	v.	возвращаться	18
回来	huí lai		возвращаться	9
会	huì	v.	*здесь*: собираться (что делать)	12
火	huǒ	n.	огонь	2
获得	huòdé	v.	получать	20

J

机场	jīchǎng	n.	аэропорт	24
及时	jíshí	adj.	своевременный	22
极	jí	adv.	крайне	21
几	jǐ	num.	сколько	4
计划	jìhuà	v. / n.	план; планировать	18
纪念	jìniàn	n.	в память	24

生词总表
Обобщенная таблица новых словах

季节	jìjié	n.	сезон, время года	15
家	jiā	mw.	семья, дом	11
家	jiā	n.	дом	4
家人	jiārén	n.	член семьи	12
件	jiàn	mw.	*счётное слов*: штука	11
交	jiāo	v.	передавать, отдавать, сдавать	5
交通	jiāotōng	n.	транспорт	22
教	jiāo	v.	преподавать	24
饺子	jiǎozi	n.	цзяоцзы, пельмени	20
叫	jiào	v.	кричать; звать	2
教室	jiàoshì	n.	аудитория	6
教学楼	jiàoxuélóu	n.	учебный корпус	8
接（电话）	jiē (diànhuà)	v.	отвечать на телефон	22
节日	jiérì	n.	праздником	12
姐姐	jiějie	n.	старшая сестра	4
介绍	jièshào	v.	представлять	21
借	jiè	v.	брать взаймы	9
斤	jīn	mw.	цзинь	11
今天	jīntiān	n.	сегодня	5
金鱼	jīnyú	n.	золотая рыбка	19
进步	jìnbù	v.	прогрессировать, улучшиться	23
近	jìn	adj.	близкий, ближний	7
京剧	jīngjù	n.	пекинская опера	17
经常	jīngcháng	adv.	часто	7
九	jiǔ	num.	девять	1

261

	久	jiǔ	*adj.*	долгий	22
	救护车	jiùhùchē	*n.*	скорая помощь	22
	橘子	júzi	*n.*	мандарин	10
	聚会	jùhuì	*n.*	собираться, встречаться	12
K	开	kāi	*v.*	открывать	5
	开（车）	kāi (chē)	*v.*	водить (машину)	19
	开始	kāishǐ	*v.*	начинать	24
	开心	kāixīn	*adj.*	веселый	19
	看	kàn	*v.*	смотреть	6
	可爱	kě'ài	*adj.*	милый, симпатичный	19
	可能	kěnéng	*v.*	может быть, возможно	14
	可以	kěyǐ	*v.*	мочь, можно	8
	刻	kè	*mw.*	четверть часа	6
	客气	kèqi	*v.*	вежливый, любезный	8
	口	kǒu	*mw.*	*счетное слово для людей и домашних животных*	4
	口	kǒu	*n.*	рот	1
	裤子	kùzi	*n.*	брюки	11
	块	kuài (元yuán)	*mw.*	юань	11
	快乐	kuàilè	*adj.*	веселый, радостный	12
L	来	lái	*v.*	приходить, приехать	3
	蓝	lán	*n.*	синий	6
	蓝色	lánsè	*n.*	синий цвет	13
	老虎	lǎohǔ	*n.*	тигр	19

生词总表
Обобщенная таблица новых словах

老师	lǎoshī	n.	учитель, преподаватель	1
了	le	partical.	указывает на завершение действия	5
冷	lěng	adj.	холодный	15
离	lí	v.	от	7
离开	lí kāi		уходить, уезжать	24
立	lì	v.	стоять, вставать	3
联系	liánxì	v.	связываться	14
练	liàn	v.	тренироваться, упражняться	17
凉	liáng	adj.	холодный, прохладный	16
量	liáng	v.	измерять	16
两	liǎng	num.	два, оба	4
聊天儿	liáo tiānr		болтать, поговорить	23
了解	liǎojiě	v.	узнавать, знакомиться	23
林	lín	n.	лес	4
留学	liú xué		учиться за границей	9
留作	liúzuò	v.	оставлять для (чего)	24
榴梿	liúlián	n.	дуриан	10
六	liù	num.	шесть	1
楼	lóu	n.	здание, корпус	7
楼下	lóuxià	n.	на нижнем этаже	17
卢布	lúbù	n.	рубль	11
路	lù	n.	дорога, путь	8
路口	lùkǒu	n.	перекресток	8
旅行	lǚxíng	v.	путешествовать	18
旅游	lǚyóu	v.	путешествовать	21

	绿色	lǜsè	n.	зеленый цвет	13
M	麻烦	máfan	v.	беспокоить	21
	麻婆豆腐	mápó dòufu		острый соевый творог «мапо тофу» по-сычуаньски (жареный, со свиным или говяжьим фаршем и перцем, в остром соусе)	20
	马	mǎ	n.	лошадь	4
	马马虎虎	mǎmǎhūhū	adj.	так себе	23
	吗	ma	aux.	*конечная частица вопросительных предложений или в риторическом вопросе*	1
	买	mǎi	v.	покупать	7
	慢	màn	adj.	медленный	22
	芒果	mángguǒ	n.	манго	10
	忙	máng	v. / adj.	занятый	17
	猫	māo	n.	кошка	19
	毛	máo	n.	шерсть	19
	毛衣	máoyī	n.	свитер	13
	没有	méiyǒu	v.	не	4
	每	měi	pron.	каждый день, ежедневно	17
	美	měi	adj.	красивый	21
	妹妹	mèimei	n.	младшая сестра	4
	米饭	mǐfàn	n.	рис	10
	面包	miànbāo	n.	хлеб	10
	面条儿	miàntiáor	n.	лапша, вермишель	10

	名字	míngzi	*n.*	имя; название	2
	明亮	míngliàng	*adj.*	светлый	13
	明天	míngtiān	*n.*	завтра	5
	木	mù	*n.*	дерево	3
	木瓜	mùguā	*n.*	папайя	10
	目	mù	*n.*	глаз	2
N	拿	ná	*v.*	нести	24
	哪	nǎ	*pron.*	какой	3
	哪个	nǎge	*pron.*	какой	15
	哪儿	nǎr	*pron.*	где	7
	南边	nánbian	*n.*	юг	8
	难	nán	*adj.*	трудный	23
	难看	nánkàn	*adj.*	некрасивый, дурной	23
	呢	ne	*aux.*	- а, же (*в конце предложения, указывает на обязательность ответа*)	2
	你	nǐ	*pron.*	ты	1
	鸟	niǎo	*n.*	птица	5
	您	nín	*pron.*	вы (*вежливое обращение к одному лицу*)	2
	牛	niú	*n.*	корова	4
	牛仔裤	niúzǎikù	*n.*	джинсы	14
	农历	nónglì	*n.*	китайский лунный календарь	12
P	派	pài	*v.*	отправлять, посылать	21
	盘	pán	*n.*	тарелка	20

旁边	pángbiān	n.	рядом	7
朋友	péngyou	n.	друг	12
批评	pīpíng	v.	критиковать, упрекать, делать замечания	9
皮肤	pífū	n.	кожа	14
便宜	piányi	adj.	дешевый	11
漂亮	piàoliang	adj.	красивый	8
平安	píng'ān	adj.	благополучный	12
苹果	píngguǒ	n.	яблоко	10

Q

七	qī	num.	семь	1
其他	qítā	pron.	другой, остальной	11
起床	qǐ chuáng		вставать	6
前	qián	n.	перед	6
前	qián	n.	передняя сторона	8
钱	qián	n.	деньги	11
浅	qiǎn	adj.	светлый (по отношению к цвету)	13
墙	qiáng	n.	стена	23
巧	qiǎo	adj.	здесь: как раз кстати	12
青椒牛柳	qīngjiāo niúliǔ		жареные кусочки говядины с острым зеленым перцем	20
轻	qīng	adj.	легкий, несерьезный	22
清蒸黄花鱼	qīngzhēng huánghuāyú		большой желтый горбыль на пару	20
情况	qíngkuàng	n.	обстановка, обстоятельства, ситуация	21
晴天	qíngtiān	n.	солнечная погода	15

请问	qǐngwèn	v.	Скажите, пожалуйста	3
请假	qǐng jià		просить отпуск	16
请客	qǐng kè		угощать	20
庆祝	qìngzhù	v.	отмечать, праздновать	20
秋天	qiūtiān	n.	осень	15
球	qiú	n.	мяч, шар	18
去	qù	v.	уходить, уехать	3
全	quán	adj.	все	12
裙子	qúnzi	n.	юбка, платье	11

R

让	ràng	v.	приказывать; позволять, разрешать; пусть	21
热	rè	adj.	жаркий, горячий	15
热闹	rènao	adj.	оживленный	12
人	rén	n.	человек	3
认识	rènshi	v.	знакомиться	2
日	rì	n.	день, солнце	1
日子	rìzi	n.	день	24
容易	róngyì	adj.	легкий (в значении «нетрудный»)	13
入	rù	v.	входить, въехать	3

S

三	sān	num.	три	1
嗓子	sǎngzi	n.	горло	16
色	sè	n.	цвет	6
山	shān	n.	гора	2
伤	shāng	n.	рана	22

商场	shāngchǎng	n.	магазин	11
上	shàng	n.	верхний, наверху	1
上课	shàng kè		ходить на занятия; заниматься в группе	1
上网	shàng wǎng		пользоваться интернетом	7
上衣	shàngyī	n.	верхняя одежда	11
少	shǎo	adj.	мало	2
舍不得	shěbude	v.	сожалеть; жалко	24
身体	shēntǐ	n.	тело	18
深	shēn	adj.	темный (по отношению к цвету)	13
什么	shénme	pron.	какой	2
生日	shēngrì	n.	день рождения	5
胜利	shènglì	v.	побеждать	20
狮子	shīzi	n.	лев	19
十	shí	num.	десять	1
十字	shízì	n.	крест	8
石	shí	n.	камень	2
时候	shíhou	n.	время	6
时间	shíjiān	n.	время	7
食品	shípǐn	n.	продукты	11
士	shì		*устар.* ученый, образованный человек, мужчина	6
事故	shìgù	n.	происшествие	22
事儿	shìr	n.	дело	22
是	shì	v.	есть, являться, представлять собой	3

是	shì	v.	*подчеркивает утвердительный характер высказывание*	23
收拾	shōushi	v.	собирать	24
手	shǒu	n.	рука	1
手机	shǒujī	n.	мобильный телефон	8
受（伤）	shòu (shāng)	v.	получать ранение	22
受不了	shòu bu liǎo		не стерпеть, не вынести	18
售货员	shòuhuòyuán	n.	продавец	11
瘦	shòu	adj.	худой	14
书	shū	n.	книга	9
书包	shūbāo	n.	портфель	14
书法	shūfǎ	n.	каллиграфия	17
舒服	shūfu	adj.	комфортный, удобный	15
暑假	shǔjià	n.	летние каникулы	18
树木	shùmù	n.	дерево	13
谁	shuí	pron.	кто	3
水	shuǐ	n.	вода	2
水果	shuǐguǒ	n.	фрукты	10
水饺	shuǐjiǎo	n.	вареные пельмени	10
水平	shuǐpíng	n.	уровень	23
睡觉	shuì jiào		спать	16
四	sì	num.	четыре	1
送	sòng	v.	провожать, провозить	22
宿舍	sùshè	n.	общежитие	7
碎	suì	v.	битый, раздробленный	9

	所以	suǒyǐ	*conj.*	поэтому	21
T	他	tā	*pron.*	он	2
	太	tài	*adv.*	слишком	8
	特别	tèbié	*adv.*	особенный, особый, специальный	19
	疼	téng	*adj.*	болеть	16
	提高	tígāo	*v.*	повышать	23
	体温	tǐwēn	*n.*	температура [тела]	16
	天	tiān	*n.*	небо	4
	天气	tiānqì	*n.*	погода	15
	田	tián	*n.*	поле	2
	贴	tiē	*v.*	приклеивать	12
	听说	tīngshuō	*v.*	говорят	15
	挺	tǐng	*adv.*	очень	13
	同	tóng	*adj.*	одинаковый	5
	同学	tóngxué	*n.*	одноклассник; ученик, студент	1
	头	tóu	*n.*	голова	2
	头发	tóufa	*n.*	волос	14
	突然	tūrán	*adj.*	внезапный, неожиданный	22
	图书馆	túshūguǎn	*n.*	библиотека	8
	土	tǔ	*n.*	почва, земля	2
	土豆饼	tǔdòubǐng	*n.*	картофельные котлеты	10
	团圆饭	tuányuánfàn	*n.*	семейный ужин	12
	T恤	T xù	*n.*	футболка	14

W	哇	wā	*partical.*	wow!	20
	外	wài	*n.*	снаружи	6
	完	wán	*v.*	окончание	6
	玩儿	wánr	*v.*	играть	7
	晚	wǎn	*adj.*	поздний	22
	晚上	wǎnshang	*n.*	вечер	5
	往	wǎng	*prep.*	*указывает на направление движения*: в, на, к	8
	忘	wàng	*v.*	забывать	22
	忘记	wàngjì	*v.*	забывать	24
	味道	wèidào	*n.*	вкус, запах	10
	喂	wèi	*intj.*	алло	22
	文	wén		письмо, текст	5
	文化	wénhuà	*n.*	культура	9
	我	wǒ	*pron.*	я	2
	我们	wǒmen	*pron.*	мы	5
	五	wǔ	*num.*	пять	1
X	西边	xībian	*n.*	запад	8
	西瓜	xīguā	*n.*	арбуз	10
	西药	xīyào	*n.*	западное лекарство	16
	喜欢	xǐhuan	*v.*	любить, нравиться	9
	细心	xìxīn	*adj.*	внимательный	21
	下	xià	*n.*	низкий, нижний	1
	下课	xià kè		конец урока	1
	夏天	xiàtiān	*n.*	лето	15

先	xiān	*adv.*	сначала	18
先生	xiānsheng	*n.*	господин	14
鲜花儿	xiānhuār	*n.*	цветы	21
嫌	xián	*v.*	быть недовольным	23
现在	xiànzài	*n.*	сейчас	6
香蕉	xiāngjiāo	*n.*	банан	10
想	xiǎng	*v.*	думать	8
想念	xiǎngniàn	*v.*	скучать	18
（照）相	xiàng	*n.*	фото, фотографирование	21
消息	xiāoxi	*n.*	новость	20
小	xiǎo	*adj.*	маленький, малый	1
写	xiě	*v.*	писать	5
谢谢	xièxie	*v.*	спасибо	5
心	xīn	*n.*	сердце	5
新年	xīnnián	*n.*	Новый год	12
信息	xìnxī	*n.*	сообщение	24
星期	xīngqī	*n.*	неделя	5
行李	xíngli	*n.*	багаж	24
兴	xìng		интерес; начинаться	5
幸福	xìngfú	*adj.*	счастливый	12
姓	xìng	*v.*	фамилия	2
熊猫	xióngmāo	*n.*	панда	19
休息	xiūxi	*v.*	отдыхать	16
需要	xūyào	*v.*	нуждаться	24
学	xué	*v.*	учиться	9
学生	xuéshēng	*n.*	ученик, студент	7

学校	xuéxiào	*n.*	школа	8
雪	xuě	*n.*	снег	4

Y

严重	yánzhòng	*adj.*	серьезный	16
颜色	yánsè	*n.*	цвет	13
眼睛	yǎnjing	*n.*	глаз	14
眼镜	yǎnjìng	*n.*	очки	14
演讲	yǎnjiǎng	*v.*	выступать с речью	22
羊	yáng	*n.*	овца	4
阳	yáng	*n.*	солнце	5
养	yǎng	*v.*	держать (животное), заводить	19
样子	yàngzi	*n.*	внешность, вид	14
药	yào	*n.*	лекарство	16
药方	yàofāng	*n.*	рецепт	16
药房	yàofáng	*n.*	аптека	16
要	yào	*v.*	хотеть, желать	11
要紧	yàojǐn	*adj.*	срочный, важный	16
也	yě	*adv.*	тоже, также	1
野生	yěshēng	*adj.*	дикий	19
一	yī	*num.*	один	1
一定	yídìng	*adv.*	обязательно	12
一会儿	yíhuìr	*q.*	через некоторое время	17
一路平安	yílù píng'ān		Счастливого пути!	24
一起	yìqǐ	*adv.*	вместе	5
一下儿	yíxiàr	*q.*	вдруг, сразу	9

衣服	yīfu	n.	одежда	11
医生	yīshēng	n.	врач	4
医院	yīyuàn	n.	больница	4
以后	yǐhòu	n.	в будущем	9
以前	yǐqián	n.	раньше	21
椅子	yǐzi	n.	стул	23
因为	yīnwèi	conj.	потому что	22
银行	yínháng	n.	банк	8
鹦鹉	yīngwǔ	n.	попугай	19
用品	yòngpǐn	n.	предмет обихода	11
游泳	yóu yǒng		плавать, плыть	16
友好	yǒuhǎo	adj.	дружественный, дружный	11
有	yǒu	v.	есть, иметь, обладать	4
有点儿	yǒudiǎnr	adv.	чуть-чуть, немного	13
有事	yǒu shì		занятый	17
又	yòu	adv.	опять, снова, еще раз	3
右	yòu	n.	право	2
右边	yòubian	n.	правая сторона	8
鱼	yú	n.	рыба	4
愉快	yúkuài	adj.	радостный	21
羽毛	yǔmáo	n.	перо	19
雨	yǔ	n.	дождь	4
语法	yǔfǎ	n.	грамматика	9
语音	yǔyīn	n.	фонетика	9
遇到	yùdào	v.	встречаться	23
元	yuán	mw.	юань	6

原谅	yuánliàng	v.	извинять, прощать		22
远	yuǎn	adj.	далекий, дальний		8
约会	yuēhuì	n. / v.	свидание; встречаться		18
月	yuè	n.	луна		2
月	yuè	n.	месяц		5
越来越	yuè lái yuè		всё больше и больше		23
云	yún	n.	облако		4

Z

再	zài	adv.	снова, еще раз	11
再见	zàijiàn	v.	до свидания	1
在	zài	prep.	*указывает на место или время*: в, на	4
咱们	zánmen	pron.	мы (*инклюзивное*)	20
脏	zāng	adj.	грязный	13
早上	zǎoshang	n.	утро	6
怎么	zěnme	pron.	как	12
怎么样	zěnmeyàng	pron.	как, какой	15
张	zhāng	mw.	*счетное слово для предметов с широкой открытой поверхностью, а также раскрывающихся или растягивающихся предметов*	21
长	zhǎng	v.	выглядеть	14
着急	zháojí	adj.	взволнованный, обеспокоенный	22
找	zhǎo	v.	искать	11
照	zhào	v.	фотографировать	21

这	zhè	*pron.*	это	9
这么	zhème	*pron.*	Так, такой	22
这儿	zhèr	*pron.*	здесь	10
着	zhe	*aux.*	*суффикс глагола, указывающий на длительность действия или состояния*	14
真	zhēn	*adj./adv.*	истинный, аутентичный	5
正在	zhèngzài	*adv.*	быть в процессе, в настоящее время	17
知道	zhīdao	*v.*	знать	8
只	zhǐ	*adv.*	только, лишь	4
中	zhōng	*n.*	середина, центр	3
中餐	zhōngcān	*n.*	китайская кухня	20
中餐馆儿	zhōngcānguǎnr	*n.*	китайский ресторан	20
中间	zhōngjiān	*n.*	середина	8
中学生	zhōngxuéshēng	*n.*	ученик средней школы	7
中药	zhōngyào	*n.*	китайское лекарство	16
种	zhǒng	*mw.*	вид	13
住	zhù	*v.*	жить	7
祝	zhù	*v.*	поздравлять	12
祝贺	zhùhè	*v.*	поздравлять	20
准备	zhǔnbèi	*v.*	готовить	17
桌子	zhuōzi	*n.*	стол	11
资料	zīliào	*n.*	материал, данные	7
走	zǒu	*v.*	идти, ходить	3
走路	zǒu lù	*v.*	ходить, идти	7

走散	zǒu sàn		теряться	14
足	zú	n.	нога	2
足球	zúqiú	n.	футбол	20
最	zuì	adv.	самый, наиболее	10
最后	zuìhòu	n.	окончательный, последний	18
最近	zuìjìn	n.	за последнее время, на днях	17
昨天	zuótiān	n.	вчера	5
左	zuǒ	n.	лево	2
左右	zuǒyòu	n.	около	14
坐	zuò	v.	сидеть, саживаться	3
座	zuò	mw.	сидение	8
做	zuò	v.	делать	4
做作业	zuò zuòyè		делать домашние задания	17

附录一：汉字笔画名称表
Приложение 1: Таблица черт китайских иероглифов

笔画	名称	例字	笔画	名称	例字
、	点	六	㇌	横撇弯钩	那
一	横	三	亅	竖钩	水
丨	竖	十	㇁	弯钩	家
丿	撇	人	㇙	竖提	民
丶	捺	大	㇄	竖折	山
㇀	提	习	㇌	竖弯	西
㇖	横钩	买	㇊	竖弯钩	电
㇕	横折	口	㇉	竖折折	鼎
㇆	横折钩	月	㇅	竖折折钩	写
㇇	横撇	又	㇂	斜钩	我
㇊	横折提	认	㇃	卧钩	心
㇈	横折弯钩	九	㇒	撇折	红
㇌	横折折撇	建	㇏	撇点	女
㇡	横折折折钩	奶			

附录二：汉字偏旁名称表
Приложение 2: Таблица графем китайских иероглифов

1. 本表列举一部分常见汉字偏旁的名称，以便教学。

2. 本表收录的汉字偏旁，大多是现在不能单独成字、不易称呼或者称呼很不一致的。能单独成字、易于称呼的，如"山、马、日、月、石、鸟、虫"等，不收录。

3. 有的偏旁有几种不同的叫法，本表只取较为通行的名称。

1. Данная таблица составлена для учителей и учащихся. В ней перечислены самые рокоупотребляемые графемы китайских иероглифов.

2. Перечисленные в этой таблице графемы обычно не употребляются как самостоятельные иероглифы, или трудные для произношения. Такие графемы, как « 山、马、日、月、石、鸟、虫 » и т. п., которые могут употребляться как самостоятельные иероглифы и легко произносятся, в таблицу не включены.

3. Некоторые графемы имеют разные названия. В таблице указываются лишь самые распространенные названия.

偏 旁	名 称	例 字
厂	偏厂儿	厅、历、压
匚	区字框；三框	区、匡、匠
刂	立刀旁；立刀	到、利、别
冂	同字框	同、网、周
亻	单人旁；单立人	你、他、位
勹	包字头	包、句、勺

（续表）

偏 旁	名 称	例 字
亠	京字头	京、六、交
冫	两点水	次、冷、冰
冖	秃宝盖	写、军、冠
讠	言字旁	说、语、谈
卩	单耳旁；单耳刀	印、却、即
阝	双耳旁；双耳刀；左耳刀；右耳刀	陪、院、部
厶	私字边	允、去、私
廴	建之旁	建、延、廷
扌	提土旁	地、城、坏
扌	提手旁	扛、打、扔
艹	草字头；草头	花、英、草
廾	弄字底	开、弄、异
尢	尤字旁	尤、龙、尬
囗	国字框	因、国、图
彳	双人旁；双立人	行、征、德
彡	三撇儿	形、参、须

附录二　汉字偏旁名称表
Приложение 2　Таблица графем китайских иероглифов

（续表）

偏　旁	名　称	例　字
犭	反犬旁；犬犹	猫、狗、猪
夂	折文儿；冬字头	冬、夏、条
饣	食字旁	饮、饭、饺
丬	将字旁	状、壮、将
广	广字旁	庄、店、庆
氵	三点水	江、河、汉
忄	竖心旁；竖心	快、怀、怕
宀	宝盖	宝、定、宾
辶	走之	过、还、送
子	子字旁	孙、孩、孔
纟	绞丝旁；乱绞丝	红、绿、约
王	王字旁；斜玉旁	玩、班、珍
木	木字旁	树、桌、椅
牛	牛字旁	特、物、牲
攵	反文旁；反文	教、政、收
爫	爪字头	受、爱、采
火	火字旁	灯、烛、烤

（续表）

偏　旁	名　称	例　字
灬	四点底	点、热、杰
礻	示字旁；示补儿	神、礼、祖
夫	春字头	春、奉、秦
罒	四字头；扁四头	罗、罢、罪
皿	皿字底；皿墩儿	盆、盘、益
钅	金字旁	铁、钢、铃
禾	禾木旁	和、秋、种
疒	病字旁；病旁	病、疼、痛
衤	衣字旁；衣补儿	初、裤、被
覀	西字头	要、票、贾
虍	虎字头	虑、虚、虎
竹	竹字头	笑、笔、笛
米	米字旁	粉、粮、糕
𧾷	足字旁	跑、踢、跃